청춘이 가져야 할
꿈과 비전
(Deam and Vision)

청춘이 가져야 할 **꿈과 비전**

초판 1쇄 인쇄 2024년 11월 24일
초판 1쇄 발행 2024년 11월 29일

지은이 김석희
펴낸이 金泰奉
펴낸곳 한솜미디어
등 록 제5-213호

편 집 김태일
마케팅 김명준

주 소 (우 05044) 서울시 광진구 아차산로 413(구의동 243-22)
전 화 (02)454-0492(代)
팩 스 (02)454-0493
이메일 hansom@hansom.co.kr
홈페이지 www.hansomt.co.kr

ISBN 978-89-5959-590 7 (03320)

*책값은 표지에 표시되어 있습니다.
*잘못 만들어진 책은 구입하신 서점에서 바꿔드립니다.

청춘이 가져야 할

꿈과 비전
(Deam and Vision)
- 하늘은 스스로 돕는 자를 돕는다 -

재미 교포 김석희 교수의 조언

하루 30분 꿈과 비전 읽기
10일만 해 보세요
당신 꿈과 비전에 자신감이 생길 겁니다.

한솜미디어

대학생과 사회 초년생을 위한 두 가지 조언

첫째, 하루빨리 꿈과 비전을 가져라
"지금으로부터 30년, 40년 뒤 인생을 되돌아보면 대학 시절 얻은 것들이 당신의 인생과 경력 전체를 형성했다는 것을 알게 될 것입니다. 대학은 종종 인생에서 가장 좋은 몇 년으로 묘사됩니다. 배우고 성장하고, 경험하고 실험하며, "자신을 찾고" 미래를 만들어가는 즐거운 시간입니다. 즉, 그토록 힘든 시기에 얻은 지식, 직업윤리, 평생 친구는 인생에서 좋을 때나 나쁠 때나 당신과 함께할 것입니다. 더욱 중요한 것은 누구도 그것을 당신에게서 빼앗을 수 없다는 것입니다."

둘째 1, 당신의 꿈과 비전을 구체화하라
한국어에 능통한 사람이라면 히스토리즈 사이트(graphys.co.kr)를 방문하여 자신이 선택한 분야의 개인 에세이, 자서전, 인물 다큐멘터리 등에서 자신의 꿈과 비전을 구현할 수 있는 아이디어를 찾아보세요. 본 사이트는 기존의 통속적인 스토리텔링을 넘어 '삶의 이야기, 역사의 기록, 뉴스'라는 세 가지 주요 가치를 통해 대중과 소통하는 것을 목표로 하고 있습니다.

둘째 2, 당신의 꿈과 비전을 구체화하라
한국어가 서툰 사람들은 김석희 작가의 "꿈과 비전" 7장을 읽어보세요. 이 장에서는 한 가지에 집중해야 하는 이유와 한 가지에 집중하는 방법을 설명합니다. 즉 본 장에서는 "선택과 집중이라는 말이 있다. 무슨 일이든 자신이 할 수 있는 일을 선택한 뒤에는 집중해서 최선을 다해야 한다." -〈저자 미상〉
"사람이 마음으로 자기의 길을 정하여도 그 길을 인도하시는 이는 여호와시니라" -〈잠언 16:9〉

| 머리말 |

  21세기를 살아가는 청춘들에게 있어서 가장 중요한 두 단어가 있다면 꿈과 비전일 것이다. 왜냐하면 꿈과 비전은 성공의 뿌리이기 때문이다. 꿈이 미래의 목표라고 한다면 비전은 그 목표를 달성해 가는 과정에서 끊임없이 지침을 제공하는 청사진이다. 그래서 명확한 꿈과 비전을 가진 사람은 실패하지 않는다.

  그러면 청춘들이 명확한 꿈과 비전을 발견하기 위한 최선의 방법은 무엇인가? 그것은 이론과 실천 사이의 갭을 연결해 주는 실제 사례를 연구 분석해서 자신에게 적합한 꿈과 비전을 발견하는 것이다. 다시 말해 이 책에는 개인들의 경험에서 비롯된 성공비법과 실패방지법이 담겨있다.

  사람이 이 세상에 왔다가 남이 보기에 크든 작든 자기 나름대로의 큰 발자국을 남기고 가려면 큰 꿈과 비전이 있는 삶을 살아야 하지 않겠는가? 사실 인간은 누구에게나 큰 꿈과 비전은 내재되어 있다. 내재되어 있으니 깨우고 개발해야 하는 것이다. 그것이 동기 부여인 것이다.

  인간의 잠재력(큰 꿈과 비전)을 일깨우고 최선을 다하도록 자극하는 것을 동기 부여라고 한다. 운동이든 예술이든 잠재력이 저절로 얻어지는 것이 아니기에, 최소한 청년 시절부터 잠재력 개발에 노력하지 않으면 목표한 꿈의 성공도 그만큼 멀어지게 될 수밖에 없다. 오늘 걷지 않으면 내일은 뛰어야 한다.

시련을 극복하지 못하고 실패한 사람들과 시련을 극복하고 성공한 사람들의 실례는 누구나 일생동안 자신의 큰 꿈과 비전을 가지고 살아가게 할 동기가 될 수 있다는 것을 강조하고 싶다. 왜냐하면 그들이 이 땅에서 살아가면서 남기고 간 발자국을 통해 나 자신의 꿈과 비전을 일깨우게 되고 최선을 다하는 삶을 사는 자극제가 될 수 있기 때문이다.

숙달된 사냥꾼들이 짐승들의 발자국을 보고 실로 많은 것을 알아내는 것처럼 말이다. 하루 30분씩 이 책을 읽고 사색을 하면 인생의 망루가 점점 높아져서 자신의 남은 여정을 멀리 볼 수 있고 또 먼 장래에 대비할 수 있다. 누구나 시간을 내어 위인전과 시련을 극복하고 성공한 사람들의 경험담을 탐독하면 자신의 꿈과 비전에 대한 초심은 변치 않는다고 생각한다. 그러면 자신이 생각한 만큼 큰 성공은 못해도 항상 꿈과 비전을 갖고 최선을 다할 것이기에 그들이 살아온 인생에 대해서 후회는 없을 것이다.

나는 〈청춘들이 가져야 할 꿈과 비전〉의 처음 8개의 각 장을 공통 형식으로 구성하여 독자의 이해를 용이하게 했다.
* 독자의 관심을 끌기 위해 각 장의 맨 앞에 그 장과 관련된 명언을 한두 개 소개했다. 명언의 힘은 강력하다. 명언은 간단하고 직설적이지만 사람들에게 큰 영향을 발휘할 뿐만 아니라 사회의 관점을 결정할 정도로 중요한 자료가 되기 때문이다.

독자 가운데 여기 수록한 명언에 내재되어 있는 큰 꿈과 비전을 일깨우고 개발해서 남이 보기에 크든 작든 자기 나름대로의 큰 발자국을 이 세상에 남길 삶을 살아가길 기원해 본다.

* 각 장의 제목과 관련된 실패한 실례(real-life example)를 수록하여 독자들이 실패의 원인을 스스로 생각해 보도록 했다.
* 실패한 실례를 소개한 후에 실패한 실례의 원인과 해결 방법을 소개했다.
* 그 다음 부분에서는 성공한 실례를 하나 소개했다. 이 세상에서 한 번도 실패하지 않고 성공한 사람은 없다. 성공한 사람들은 시련과 좌절을 두려워 않고 도전하고 또 도전해서 어두운 긴 터널을 산자락에 핀 꽃들이다.
* 각 장과 관련된 명언, 실패한 실례, 실패의 원인과 해결방법과 성공한 실례를 읽고 나서 조용히 음미해 볼 시 한 편을 소개했다. 파블로 네루다(Pablo Neruda, 1904년 7월 12일~1973년 9월 23일)가 시에 대해 정체성과 시의 목적에 대해 남긴 다음과 같은 명언을 기억하면서 시를 몇 번 읽어 보기를 추천한다.

"예술과 문학은 단순히 존재하는 것으로 만족할 것이 아니라, 인간에게 필수불가결한 그 무엇이 되어야만 한다. 시는 개인적 삶의 솔직한 기록에 그쳐서는 안 된다. 그것은 모든 인류를 향한 발언이어야 한다. 시의 목적은 고백이 아니라 설득에 있는 것이다."

| 차 례 |

머리말/ 5

추천의 글들/ 10

감사/ 12

제1장 _ 꿈과 비전/ 13
제2장 _ 부모의 꿈과 자녀의 꿈/ 29
제3장 _ 성공과 열정/ 41
제4장 _ 야망과 욕심/ 53
제5장 _ 칠전팔기의 교훈/ 67
제6장 _ 아는 것이 힘이다/ 77
제7장 _ 한 가지 일에 집중하기/ 91
제8장 _ 장수는 연장된 기회/ 105
제9장 _ 뇌 건강 – 모든 연령대에서 더 나은 두뇌를 만드는 방법/ 119
제10장 _ 자발적 동기 부여의 힘/ 131

| CONTENTS |

preface/ 160

Recommendations/ 164

thanks/ 166

Chapter 1 Dreams and Visions/ 167

Chapter 2 Parents' Dreams and Children's Dreams/ 187

Chapter 3 Success and Passion/ 201

Chapter 4 Ambition and Greed/ 213

Chapter 5 Lessons from the eight rises after the seven falls/ 227

Chapter 6 Knowledge Is Power/ 239

Chapter 7 Focusing on One Thing/ 257

Chapter 8 Longevity Is an Extended Opportunity/ 273

Chapter 9 Brain health : How to Build a Better Brain at Any Age/ 287

Chapter 10 The Power of Voluntary Motivation/ 299

추천의 글들

추천서 1

이 책은 많이 보고 들어서 잔소리와 같은 〈꿈과 비전〉이라는 제목을 유익하면서도 흥미 있고 알기 쉽게 다룬 감동적인 개발서다. 그래서 나는 청춘과 그들의 부모들은 누구나 읽어 보라고 감히 추천의 글을 쓴다.

− 김기영(광운대학교 총장/연세대학교 명예교수)

추천서 2

이 책은 흙수저로 태어나 고학으로 미국에서 박사가 된 김석희 교수의 성공 비법과 실패 방지법을 소개한 개발서다. 독일어 회화를 잘하고 싶다면 독일 사람의 발음을 따라하고 부자가 되려면 부자의 습관을 따라하라. 성공도 마찬가지!

− 황준성(숭실대학교 총장/경제학부 교수)

추천서 3

이 책은 꿈과 비전이라는 주제와 함께 이를 실현시킬 수 있는 구체적 실천방안을 제시하고 있다. 이런 의미에서 인생을 준비하고 설계하는 젊은이들뿐만 아니라 〈꿈과 비전〉이 없어 방황하는 사람이면 누구에게나 자신 있게 추천할 만한 필독서다.

— 이두원(연세대학교 국제처장/경제학부 교수)

추천서 4

이 책에서는 한 인생 선배가 미국에서 교수로 60년 동안 찾았던 꿈의 의미와 방향 설정, 어려움을 극복하는 방법이 누군가에게는 도움이 될 것이라 생각하면서 서술한 개발서다. 이 책은 그동안에 저자 자신이 삶의 체험과 이론 그리고 구체적인 실례를 접목한 결과를 가감 없이 적고 있다. 따라서 저자의 진솔한 조언은 인생수업을 마치고 경쟁이 심한 사회로 진출하려는 청춘남녀들에게 어려움을 헤쳐 나갈 용기와 영감을 줄 것이라 확신한다.

— 엄창섭(관동대학교 명예교수/시인)

감사

이 시간까지 생명을 허락한 하나님과 사랑하는 나의 가족, 그리고 아름다운 삶의 동행을 위하여 소중한 인연을 맺은 모든 이들에게 항상 감사하는 마음으로 살아온 날을 뒤돌아본다. 오늘도 살아 있다는 작은 일에 가슴 벅찬 감동을 느낀다.

이 작은 책을 간행하여 묶어 내는데 주위의 사람들로부터 도움을 받았다. 특히 다음 몇 분의 인간적인 도움이 없었다면 이 책은 출판되지 못했을 것이다.

김기영(대한민국학술원 회원), 황준성(숭실대 총장), 이두원(연세대 국제처장), 엄창섭(관동대 명예교수), 강덕병(서울중앙 복음 교회 목사) 김태원(숭실대와 연세대 동기동창) 그리고 김무희(사촌동생)와 김진선(조카)은 좋은 책이 되도록 실질적으로 조언과 도움을 준 사람들이다.

— 김석희(stevekim1942@gmail.com)

제1장
꿈과 비전

"인생의 목표를 정하기 전에 다음 4가지를 점검해 보아야 한다. 첫째, 자신이 정말 잘 하는 것(재능). 둘째, 정말 하고 싶은 것(열정). 셋째, 사회가 원하는 것(수요). 넷째, 올바른 확신이 드는 것(양심)이 바로 그것이다."   - 〈프랭클린 코비사〉

"명확한 목적이 있는 사람은 가장 험난한 길에서조차도 앞으로 나가고 아무런 목적이 없는 사람은 가장 순탄한 길에서조차도 앞으로 나가지 못한다."   - 〈토머스 카라일〉

〈이 장의 차례〉
1.1 나폴레옹의 러시아 원정과 몰락
1.2 성공하려면 나의 꿈과 비전이 있어야 한다
1.3 확실한 비전과 꿈을 가졌던 정치가 오바마 전미 대통령
1.4 나무로만 보면 숲을 제대로 볼 수 없다.
1.5 오바마의 성공 비결은 공동체를 위해 일하겠다는 꿈
1.6 꿈과 비전에 관한 시

1.1 나폴레옹의 러시아 원정과 몰락

　러시아 원정은 1812년 프랑스 황제였던 나폴레옹이 러시아 제국을 침공하여 일어난 전쟁을 가리킨다. 이 전쟁의 완패를 계기로 나폴레옹의 몰락이 시작되었다. 나폴레옹은 오스트리아, 스페인, 프로이센(그 당시 독일 북부에 지역에 위치한 왕국) 및 홀란드 왕국 등과의 전쟁에서 연전연승을 거두고 이 나라들을 위성 국가로 만드는데 성공했다. 그러나 전쟁을 벌여 계속 이기고 승리에 도취한 나폴레옹도 해군력이 절대적으로 우세한 영국을 전쟁을 통해서 위성국으로 만들 수 없음을 알고 경제적 압박이란 수단으로 대륙봉쇄를 선포했다.

　나폴레옹은 영국을 철저하게 굴복시키기 위하여 1806년 대륙봉쇄령을 내려 유럽 국가로 하여금 영국과의 모든 교역을 일제히 금지시켰다. 그러나 영국과의 무역에 의해 경제를 유지하던 러시아는 이 명령으로 생존권에 영향을 받자 1810년 대륙봉쇄령을 어기고 만다.

　이것은 1812년 나폴레옹이 60만 대군을 이끌고 러시아를 공격하게 될 빌미를 제공하게 되었다. 퇴각하면서 러시아군은 도시와 곡식에 불을 질러 프랑스군이 손대지 못하게 하고 깊숙이 달아났다. 식량은 얻지 못하였으나 러시아군과 싸우지 않은 프랑스군은 예상대로 쉽사리 모스크바를 점령하였다. 그는 모스크바를 점령하기만 하면 러시아가 항복할 것이라고 예상하였으나 러시아는 항전할 뜻을 굽히지 않았다. 그러다가 러시아에서 겨울을 지낼 준비를 하지 않았던 프랑스군은 결국 퇴각하지 않을 수 없었다. 이 순간을 기다린 러시아군은 철수하는 프랑스군의 뒤를 쫓아 공격하여 궤멸시켰다. 프랑스의 대패를 목격한 유럽 각국은 일제히 반 나폴레옹의 기치를 내걸고 봉기하는 바람에 나폴레옹은 결국 1814년 4월 16일 퐁텐블로 조약을 체결한 뒤 지중해의 작은 섬인 엘바 섬으로 추방되었다.

위의 실화에서 우리는 한 가지 교훈을 얻게 된다. 같은 전쟁이라도 나폴레옹이 러시아 원정에서 실패한 이유는 분명한 목표와 비전이 없었기 때문이다. 모스크바의 점령이 곧 러시아 원정의 승리라는 착각이 나폴레옹의 첫 번째 실수였다(추상적인 목표와 방향). 우수한 60만 대군으로 러시아를 쉽게 굴복시킬 것이라고 믿었던 것이 나폴레옹의 두 번째 실수였다(헛된 노력). 나폴레옹은 나름대로 명확한 목표(꿈), 구체적 방향(비전), 피나는 노력(잘 훈련된 60만 대군)을 가졌기 때문에 러시아 원정이 성공할 것이라 확신한 것 같다. 나폴레옹은 러시아 원정의 목표가 러시아의 항복보다는 모스크바의 점령에 두었다. 나폴레옹의 명(名) 보좌관들은 러시아는 큰 나라이고 또 대륙봉쇄령은 러시아의 생존권을 좌우하는 문제이기 때문에 항복이 불가능한 것을 예측하고 러시아 원정을 철회하라고 요청했다. 그러나 계속되는 승전에 도취한 나폴레옹은 보좌관들의 건의를 묵살했다.

예를 들어 자전거를 타고 가고자 하는 목적지에 성공적으로 도착하려면 분명한 방향과 노력이 동시에 이루어져야 한다. 우리가 힘껏 페달을 밟는 것은 뒷바퀴에 동력을 줘서 빨리 달리도록 하는데 있다. 그러나 아무리 빨리 달린다 하더라도 방향이 틀리면 목적지에 도달할 수 없다. 앞바퀴로 방향 설정을 바로 해야 원하는 목적지에 도달할 수 있다. 인생을 자전거에 비유하면 앞바퀴는 꿈과 비전이고, 뒷바퀴는 우리의 노력이다.

1.2 성공하려면 나의 꿈과 비전이 있어야 한다

현명한 지도자는 "자신에게 좋다고 하는 것이 반듯이 자신이 속한 조직체에 좋은 것은 아니기 때문에" 무조건 자신이 좋다는 길로 가지 말라는 것이다. 무엇보다 중요한 것은 조직체의 처지와 환경에 맞는 올바른 목표와 방향을 설정하는 것이다. 특히 한 국가의 지도자의 위치에 있는 사람에게는 올바른 목표와 방향 설정이 더 더욱 중요하다. 왜냐하면 그 국가의 운명이 지도자 한 사람에게 달려 있기 때문이다.

여기서 말하는 목표는 꿈이고 방향 설정은 비전이라 할 수 있다. 인생에 있어 보다 중요한 것은 무엇인가? 노력과 열정인가, 아니면 목표와 방향인가? 모두 중요하지만 목표와 방향이 보다 중요하다. 목표가 없는 사람은 그저 인생에서 맴돌기만 할 뿐이다. 아무리 열심히 한다 하더라도, 방향이 틀리면 헛된 것일 뿐이다. 그리고 꿈이 없는 비전은 생명력이 없다. 즉 간절히 원하는 것을 알아야 구체적인 청사진이 나올 수 있기 때문이다. 또한, 무엇을 원하는지 확실히 알지 못하거나 막연히 알고만 있는 상태에서 '~까지는 반드시 ~할 것' 등의 목표만 잡아 놓으면, 그 목표에 얽매여 더더욱 무엇을 원하는지 알기 어렵게 된다. 결국 꿈과 비전은 대립되는 개념이 아닌 필요와 충분의 관계이며 보완의 관계이다. 꿈이 없는 비전은 껍데기에 불과할 뿐이며, 구체적인 비전과 실행이 없는 꿈은 허상에 불과하다.

꿈은 정적이며, 비전은 동적이다. 꿈은 자기의 행복이며, 비전은 세상의 행복이다. 그러기에 고도원은 그의 저서 〈꿈 너머 꿈〉에서 "꿈이 있으면 행복해지고 꿈 너머 꿈이 있으면 위대해진다"고 했다. 꿈 너머 꿈은 어떤 의미에서 비전과 같다. 사람이 이 세상에 왔다가 역사의 한 페이지에 자기 나름대로의 큰 흔적을 남기고 가려면 국가와 인류 사회를 위해 노력하겠다는 위대한 비전이 있어야 한다. 이러한 비전은 우리가 흔히 생각하듯 자신의 욕심이나 명성을 이루기 위해 높은 목표를 세우는 것과는 거리가 먼말이다. 비전은 자신이 누구이고, 어디로 가고 있으며, 무엇이 그 여정을 인도할지 아는 것이라고 한다. 비전은 꿈이나 목적을 달성해 가는 과정에서 끊임없이 지침을 제공하는 영속적인 것이다.

목표와 비전을 구분하는 한 가지 방법은 다음과 같은 질문을 해보는 것이다. 목표는 달성하고 나면 끝난다. 그러나 비전은 미래의 행동을 위한 뚜렷한 방향을 제시하고 새로운 목표를 설정하도록 도와준다. 많은 사람이 목표만 있고 비전이 없는 경우가 많다. 그렇게 되면 목표만 달성되고 나면 모든 게 끝나버리고 만다. 따라서 위대한 비전을 가진 사람은 고도원의 말대로 위대해질 가능성이 얼마든지 있다고 하겠다.

지속적인 행복을 유지하기 위해서는 비전이 있어야 한다. 한 가지의 꿈은 우리가 그 꿈을 이룰 때에만 행복감을 느끼게 하지만 비전은 꿈 너머 꿈을 추구하는 과정에서 행복감을 느끼게 한다. 그래서 행복한 사람들은 비전을 가지고 이를 실행하기 위해 끊임없이 노력한다. 단, 유의해야 할 점이 있다. 나와 다른 사람을 비교하는 것은 금물이다. 경쟁자는 누구도 아닌 바로 나 자신이기 때문이다. 우리가 누군가와 비교하면서 상대적인 평가에 매달려 거기에 인생을 건다면 몇 사람을 제외하고는 모두가 낙오자가 되거나 실패자가 되고 말 것이다. 따라서 각자의 처지와 능력을 고려해서 맡은 일에 최선을 다하면 1등이 되는 것이다. 현재의 나와 과거의 나를 비교하고, 내가 꿈 너머 꿈을 향해 얼마큼 더 달려왔는지를 생각할 때 행복감을 느낄 수 있다. 다시 말해 내가 좋아하고 나에게 맞는 것이 중요하다. 남을 따라하거나 남의 것을 무조건 수용한 것이 아니라 자신에게 맞는 목표와 방향 설정이 성공의 열쇠라고 하겠다. 왜냐하면 자기가 잘할 것 같고 꼭 하고 싶은 일이 있으면 신바람이 나고 무슨 일이든 신바람이 나서 할 때 가장 성과가 크기 때문이다.

모름지기 사람은 누구에게나 꼭 이루고 싶은 꿈이 있다. 그러므로 우리는 가능한 한 일찍 꿈과 비전을 발견해야 한다. 그래야 우리는 시간을 낭비하지 않고, 목표에 집중함으로써 열매 맺는 인생을 살 수 있기 때문이다. 그러나 모든 사람의 꿈이 성취되는 것은 결코 아니다. 우리의 꿈을 이룰 수 있는 여덟 가지 법칙이 있다.

1). "나도 할 수 있다"는 생각으로 새롭게 시작한다.
2). 우리의 목표를 우리의 소원과 일치시킨다.
3). 비관적이고 부정적인 생각을 버린다.
4). 긍정적인 말을 매일 반복한다.
5). 우리가 말하고 행한 일에 대해서 늘 대가를 지불하고 책임을 지는 마음을 가진다.
6). 어려움이 닥쳐도 낙심하거나 포기하지 않는다.
7). 매사에 감사한다.
8). 인생의 큰 꿈을 가진다.

1.3 확실한 비전과 꿈을 가졌던 정치가
　　오바마 전미 대통령

　　모든 환경으로 봐 제44대(2009-2017) 미국 대통령 버락 오바마는 부랑아가 될 처지에 있었다. 신의 은총을 뜻하는 버락이라는 아프리카식 이름을 가진 오바마는 1961년 하와이 대학에서 함께 공부하던 아프리카 케냐 출신의 흑인 아버지(버락 오바마 1세)와 미국인 백인 어머니(앤더넘) 사이에서 태어났다. 그녀가 케냐에서 온 흑인과 결혼했을 당시 미국 내 절반 가량의 주에서는 흑백 혼혈 결혼을 위법으로 규정하고 있었다. 그러나 케냐 정부 장학금으로 하와이에 유학을 와 오바마를 낳은 그는 아들이 2살 되던 해 부인과 헤어지고 하버드 대학으로 떠났다. 거기서 박사 학위를 받은 뒤 다른 미국인과 결혼해 케냐로 돌아간 그는 대통령과 직접 대면할 수 있는 고위직에 올라 영국으로부터 독립한 새 조국 케냐의 건설을 주도했고 부와 명예를 누리기도 했다. 그는 1982년 교통사고로 죽기 전에 아들 오바마를 단 한 번 밖에 보지 못했다.

　　한편 어머니 더넘은 하와이 대학에 다니는 인도네시아인 유학생 롤로 수에 토로와 1965년에 재혼하였다. 이후 인도네시아의 군사 독재자 수하라토가 1967년에 정권을 잡자, 해외에 있던 모든 인도네시아 유학생들은 본국으로 소환되었으며 이에 따라 더넘과 계부 수에 토로 가족도 인도네시아로 이사 갔다. 오바마는 6살부터 10살 때까지 하와이와 인도네시아를 오갔다. 인류학으로 학사, 석사, 박사 학위를 취득한 그녀는 오바마가 10살이 된 이후부터 그를 친정 부모에게 맡기고 인류학 연구를 위해 전 세계를 떠돌아다녔다.

　오바마는 두 권의 자서전으로 백만장자가 된 사람이다. 자기의 살아온 과정을 기록한 다른 자서전과는 달리 그는 이 두 권의 자서전에서 그의 꿈과 비전을 동시에 제시하고 그대로 실천에 옮겼다. 그의 첫 번째 자서전 〈내 아버지로부터의 꿈〉은 1990년 오바마가 하버드 로 스쿨 재학 시절 미국 법학계에서 가장 권위 있는 학술지 〈하버드 로 리뷰〉의 편집장으로 선출되었을 때 출판 제의를 받았으며, 1995년 일리노이주 주의회 의원 선거를 준비하는 과정에서 출판되었다.

　3부로 구성되어 있으며 1부는 대학교까지의 유년시절을, 2부는 시카고 시민운동가 시절의 이야기를, 3부는 가족의 뿌리를 찾기 위한 케냐 여행을 다루고 있다. 흑인으로서의 정체성 혼란을 극복하고, 자신의 조상들의 과거를 이해하는 과정을 묘사하고 있다. 2011년 미국 타임지가 선정한 1923년 이래 100대 영문 논픽션에 포함되었다.

　오바마는 이 책에서 아버지는 새 조국을 건설한다며 가족을 떠나 버렸고, 재혼한 어머니를 따라 6년 동안 하와이와 인도네시아를 오갔을 뿐만 아니라 어머니조차 그가 10살이 된 이후부터 인류학 연구를 위해 그를 떠나 버렸다. 어린 시절, 정체성의 혼란과 흑인으로서의 열등감에 괴로워했던 청소년기 오바마는 한때 술과 담배, 마약에 빠지기도 했다고 고백했다. 하지만 대학생이 되면서 흑인 문제가 자신만의 이야기가 아닌 사회구조적 문제임을 깨닫고 오랜 정체성의 고민 끝에 공동체의 개념을 발견한다. 컬럼비아 대학을 졸업한 오바마는 1985년 시카고에서 약자를 위한 일자리를 만들고, 노동자 임대주택을 건설하며 지역사회 운동가로서의 삶을 시작했다.

　1988년 하버드 로스쿨에 들어가서는 흑인 최초로 〈하버드로리뷰〉의 편집장이 됐고, 3년 뒤 졸업과 함께 대형 로펌의 변호사 채용 제안을 거절하고 시카고로 돌아와 인권변호사로 활동했다. 그는 돈과 명예, 안정만을 좇는 변호사가 되려 하지 않고 진짜 하고 싶은 일, 즉 가슴 뛰는 일을 하기로 했던 것이다.

　우리는 여기서 "뜻이 있는 곳에 길이 있다"라는 옛 어른의 가르침처럼 어디까지나 성공의 첫걸음은 꿈이라고 생각한다. 인생의 목표를 가능한 한 빨리 정하는 것이 좋다. 왜냐하면 누구나 꿈을 소유하여야 그 꿈에 도달하기 위한 길이 보이기 시작할 것이기 때문이다.

　다시 말해 세계인에게 희망을 상징하는 리더로 떠오른 버락 오바마는 아무것도 없는 무에서 '유'를 창조한 사람이다. 케냐인 흑인 아버지와 미국인 백인 어머니 사이에서 혼혈아로 태어난 소년, 이어진 부모님의 이혼, 공부에 관심 없었던 청소년 시절의 방황, 오바마를 둘러싼 것은 모두 불리한 환경뿐이었다. 이런 오바마가 타고난 자신의 환경을 극복하고 미국 대통령이 되기까지 그에게 가장 큰 힘이 된 것은 바로 어머니 더넘이다.

　어머니는 오바마에게 "너는 아버지의 두뇌와 성격 그리고 눈썹까지도 닮았다"고 말했다. 하지만 아버지 버락 1세는 결혼 후 바로 가정을 버리고 자신의 꿈을 위해 떠났다. 오바마가 아버지의 DNA를 그대로 물려받았지만, 아마 어머니의 교육열이 아니었다면 오늘의 오바마는 존재하지 않았을 것이다.

　어느 날 이렇게 살아서는 안 된다. 훌륭한 사람들은 꿈을 가지고 그 꿈을 향해 노력해서 아주 큰 사람이 되었다는 어머니의 말

쯤에 인생을 돌아보고 다시 새 삶을 살게 되었다고 한다. 그때부터 공부벌레가 된 오바마! 고등학교 끝 무렵에 가서야 있었던 일이다. 평범한 옥시덴탈 대학에 입학한 오바마는 열심히 공부를 하여 2학년 때 컬럼비아 대학에 편입했다. 훗날 하버드 로 스쿨에 합격하게 되어 하버드 104년 역사 내에는 없었던 일이었던 유명한 교내 학술지 〈하버드 로 리뷰〉라는 잡지의 흑인 최초의 편집장이 되었다.

일생 중에 가장 중요한 시기는 대학시절이나 사회 초보자일 때인 것이다. 왜냐하면 30년, 40년 뒤 인생을 되돌아보면 대학 시절에 얻은 것들이 당신의 인생과 경력 전체를 형성했다는 것을 알게 될 것이기 때문이다.

대학은 종종 인생에서 가장 힘들면서도 좋은 몇 년으로 묘사된다. 배우고 성장하고, 경험하고 실험하며, "자신을 찾고" 미래를 만들어 가는 즐거운 시간이다. 즉, 그토록 힘든 시기에 얻은 지식, 직업 윤리, 평생 친구는 인생에서 좋을 때나 나쁠 때나 당신과 함께할 것이다. 더욱 중요한 것은 누구도 그것을 당신에게서 빼앗을 수 없다는 것이다.

오바마의 두 번째 자서전은 대선 경선 참여를 염두에 두고 2006년 〈담대한 희망〉이라는 책을 출판했다. 한국에서도 2007년에 번역 출판이 되어 한국 정치인에게 큰 인기를 끌었다. 18대 국회가 개원한 2008년 5월부터 다음해 4월 사이에 국회도서관에서 가장 많이 대출됐을 정도였다.

이 책의 인기 비결은 분명하다. 오바마는 2004년 처음 연방 상원의원에 당선된 후 불과 2년 만에 유력 대선 후보로 부상했고 2008년 대선에서 승리하며 미국의 44대 대통령에 취임했다. 정치인 입장에서 보면 오바마는 이보다 더 좋을 수 없는 고속성장의 본보기다. 정치인으로서는 그 비결이 궁금하지 않을 수 없을 것이다. 우리는 이 책에서 꿈은 클수록 좋다는 것을 발견할 수 있다. 큰 꿈은 우리를 더 열심히 노력하게 만드는 역동성을 부여하기에 일단 꿈은 클수록 좋다.

이 책은 오바마가 대통령 후보로 나서기 4개월 전에 그의 정치적 이상과 공약 등을 담아 놓은 자서전 형식의 책이다. 오바마는 이 책을 통해 미국의 정치적 현실과 문제점, 교육문제, 에너지에 대한 관념이 둔한 미국인들의 의식 개혁의 필요성과 대체 에너지 개발에 대한 문제, 의료보험문제, 그리고 노동, 종교, 가정, 외교, 국방, 인종차별 등과 같은 모든 분야에 걸쳐 미국 내 실태에 대해 자세히 분석하고 오바마 자신이 가지고 있던 신념과 앞으로의 계획 및 대안들을 제시하고 있다.

내용은 전체 9장으로 나누어져 있으며 각 장에 걸쳐 공화당과 민주당, 가치 체계, 헌법, 정치, 기회, 신앙, 인종, 국경 너머의 세계, 가족 등에 대해 자신만의 신념들을 피력하고 있다. 오바마는 미국 정치적 현실에 있어서 가장 핵심이 되는 문제인 공화당과 민주당 간의 대립 구도 속에서 그가 속한 민주당이 추구하는 바를 고수하면서도 공화당에서 배울 점은 배우고, 절충할 건 절충해 나가는 정치인의 진정성을 보여주었다. 또한 현대인들의 삶 속에서 가장 중요시되는 가족과 일의 균형에 대한 부분에서도 그 자신이 얼마나 그 균형을 지키기 위해 노력하고 있으며, 그것에 대한 가치를 얼마만큼 소중히 생각하고 있다는 것을 유권자나 상대 정당에 보여 주기 위한 것이 전략이 아닌 자신 스스로 원하는 일인지를 솔직하게 털어놓고 있다.

요약하면 그는 복잡한 가정 환경에서 자라났지만, 자기와의 오랜 싸움을 극복해 내고 세계인들에게 희망을 상징하는 리더가 되었다. 우리는 그 이유를 다음과 같은 내용으로 정리해 볼 수 있다. 우리 인생의 남은 여정은 처녀 항로와 같다. 꿈이 있는 사람의 여정은 항해이고 꿈이 없는 사람의 여정은 표류에 해당한다.

항해와 표류의 차이는 무엇인가? 그것은 목적지와 항로와 방향의 차이다. 항해는 목적지의 항로를 따라 정확한 방향으로 가는 것이지만, 표류는 항로를 이탈하고 엉뚱한 방향으로 가는 것을 의미한다. 우리 인생의 항해는 목적과 방향이 분명해야 한다. 정확한 항로를 따라가야 한다. 좌나 우로 치우치지 말고 심사숙고해서 미리 준비한 좌표를 따라 갈 때 우리는 표류하지 않고 목표를 향해서 항해하는 인생이 될 수 있다.

1.4 나무로만 보면 숲을 제대로 볼 수 없다

2019년 1월 25일 문재인 대통령은 "모든 문제를 나무로만 보면 숲을 제대로 볼 수 없다면서 경제도 좀 더 멀리서 높은 곳에서 바라보라고 했다." 청와대에서 원외지역위원장을 초청해 오찬을 가졌다. 문 대통령은 원외지역위원장 초청간담회에서 이같이 말했다. 문 대통령은 경제 상황을 좁은 시각에서 바라보지 말라는 얘기를 하면서 과거 땅끝 마을인 전남 해남에서 고시 공부를 했던 기억을 끄집어냈다. 문대통령은 해남도 그냥 보면 해남이 땅끝이라는 것을 알 수 없는데 산에 올라가면 비로소 땅끝이라는 것을 알 수 있다고 설명했다.

여유를 가지고 하나하나 확인하면서 나무와 숲을 만나다 보면, 어느 새 나무와 숲이 내 안에 들어와 있다는 사실을 발견하리라 믿는다. 그런데 숲을 보지 않고 나무만 보는 근시안 적인 태도 때문에 불행을 초래하는 경향이 있다. 예를 들어 남북관계를 극단적인 보수주의나 극단적인 진보주의 입장에서 처리했다면 한국은 오늘날과 같이 민주주의를 바탕으로 부강한 국가는 안 되었을 것이다. 때문에 국가나 국제적인 문제는 일단 가까이 있는 나무보다는 멀리 있는 숲으로 봐야 하는 것이 현명한 것 같다.

미국은 대규모 군사, 경제, 기술 원조와 선교 활동을 통해서 가난한 한국에 평화와 경제개발을 지원하였고, 북한은 비인도적으로 대규모 대남 도발 사건을 일으켜 한반도뿐만 아니라 동북아에 전쟁의 긴장을 고조시켰다. 한국전쟁 이후 지금까지 남북관계를 살펴보면 마치 전쟁 영화를 수없이 되풀이해서 보는 것 같다.

북한은 대량살상 무기개발과 대남 도발 사건을 60년 이상을 계속하며 오늘에 이르고 있다. 위기의 고비마다 한미 양국은 무력시위, 경제제재 및 강력한 경고로 북한에 대응했다. 이같은 북한의 공격적인 도발 사건에 한미 양국이 보복보다는 소극적인 방법으로 대응한 이유는 어디에 있는가?

그 해답은 어디까지나 전미 국무장관 힐러리 클린턴 장관이 한국을 방문했을 때 한 신문과의 인터뷰에서 "북한을 하나의 나무로 보기보다는 숲의 입장에서 봐야한다"라는 발언에서 찾아보아야 할 것이다. 북한을 하나의 나무로 보면 미국은 북한의 비핵화 문제를 간단히 해결할 수 있을 것 같지만 중국과 러시아 때문에 제3차 대전을 각오하지 않는 한 북한 문제를 숲으로 볼 수밖에 없다는 클린턴 말에 동감하지 않을 수 없을 것 같다.

1.5 오바마의 성공 비결은 공동체를 위해 일하겠다는 꿈

필연적으로 어떤 일에 불타는 욕망, 야망, 집중력을 폭발시킬 열정을 가지려면 '더불어 함께'라는 공동체 인식을 가져야 한다. 일단은 가족, 고향, 그리고 조국에 대한 애정을 항상 기억에 담아 두어야 한다. 그것이 공부든, 예술이든, 운동이든 자신의 공동체를 위해 반드시 누군가 그 일을 마땅히 해야 한다고 생각하면 가슴은 두근거리고 열정은 넘쳐흐르게 될 것이다.

굳이 인간은 사회적 동물이라는 사회성을 언급하지 않더라도 인간은 혼자서 역사를 움직이는 가치 있는 일을 절대로 추구할 수 없을 뿐더러 또 위대한 업적을 결코 성취할 수 없다. 그러므로 우리는 모두 저마다 특수한 정체성을 가진 존귀한 존재로서 자신의 처한 상황, 즉 자존감을 인식하여야 한다.

사람들은 저마다 혈연(血緣)을 소중히 여긴다. 흔히 '누구의 자손이며, 어떤 도시의 시민이며, 어떤 국가의 일원인가?' 등의 연고를 따지게 된다. 우리는 이러한 공동체로부터 다양한 빚, 정신적 유산, 그리고 기대 등에 책임과 의무를 물려받은 존귀한 존재이다. 따라서 내게 해롭지 않고 이로운 것은 이 역할로 맺어진 사람들에게도 반드시 도움이 되고 이로워야 한다는 사실이다.

성공이 자신의 확고한 신념에서 비롯된 정체성의 원천인 공동체의 꿈이라고 생각하는 이들의 눈빛은 놀랍게도 별처럼 빛난다. 자신의 꿈을 세울 때는 공동체의 꿈이라고 크게 생각하면 폭발물의 잠재력에 의해 정신세계에 혼불이 켜진다. 그처럼 불길이 뇌관에 닿기만 하면 누구에게나 내재하고 있는 엄청난 능력의 에너지가 활화산처럼 폭발하게 될 것이다. 올림픽에서 금메달을 획득한 선수들도 신문기자와의 인터뷰에서 이와 비슷한 얘기를 하는 것을 우리는 종종 볼 수 있다. 시상식장에서 울려 퍼지는 감동의 국가 연주와 함께 '국가를 위해서 연습한다고 생각하고 또 올림픽 결승 직전에도 조국을 위해 이 한 몸을 바친다고 생각하니 한순간 놀랍게도 열정이 용솟음쳐 기대 이상의 성과를 뇌었고, 마침내 우승했다'라는 것이다.

모든 환경으로 보아 불량아가 될 수 있었던 오바마는 대학생이 되면서 흑인 문제가 자신만의 이야기가 아닌, 사회구조적 문제임을 깨닫고 오랜 정체성의 고민 끝에 공동체의 개념을 발견한다. 컬럼비아 대학을 졸업한 오바마는 1985년 시카고에서 약자를 위한 일자리를 만들고, 노동자 임대주택을 건설하며 지역사회 운동가로서의 삶을 시작했다. 그러나 지역사회 운동가로서는 보다 큰 문제를 해결할 수가 없다고 생각한 그는 그의 정치적 이상과 공약 등을 담아 놓은 자서전 형식의 책을 출판하고 상원위원과 대통령으로서 정치적 문제와 해결책을 실천에 옮겨 세계인들에게 희망을 상징하는 리더가 되었다.

2009년 노벨평화상은 버락 오바마(48세) 미국 대통령에게 돌아갔다. 국제 외교와 인류 협력에 기여한 점을 인정받은 결과이다. 버락 오바마 대통령이 임기를 시작한 것은 2009년 1월 20일이고 노벨평화상의 후보 접수 최종 시한은 2월 1일이었다. 즉 10여 일간의 업적으로 노벨평화상을 받았다기보다 이전의 활동 또는 대통령 후보로서 제시한 국제평화에 대한 비전이 수상 사유가 된 것으로 보인다. 노벨위원회는 비핵화에 대한 오바마의 비전과 성과를 특히 높게 평가했다고 2009년 10월 9일 성명을 통해 밝혔다.

1.6 꿈과 비전에 관한 시

〈꿈이 있으면〉
꿈이 있으면 행복하다.
희망이 있기 때문에!
꿈이 있으면 노력한다.
성취해야 할 목표가 있기 때문에!
꿈이 있기 때문에 도전한다.
도전 없는 꿈은 망상(妄想, 영어: delusion)에 불과하기 때문에!
꿈이 있기 때문에 노력한다.
노력 없이는 목표를 달성할 수 없기 때문에!
꿈이 있기 때문에 힘차게 살아간다.
꿈을 달성하는 기쁨을 알기 때문에!　　　　　　－ 김석희

〈비전〉
생생하게 상상하라.
간절하게 소망하라.
진정으로 믿으라.
그리고 열정적으로 실천하라.
그리하면 무엇이든지 반드시 이루어질 것이다.
모든 것을 실현하고 달성하는 열쇠는 목표 설정이다.
내 성공의 75%는 목표설정에서 비롯되었다.
목표를 명확하게 설정하면
그 목표는 신비한 힘을 발휘한다.　　　　　　－ 폴 J. 마이어

제2장
부모의 꿈과 자녀의 꿈

이형재는 그의 저서 〈시험의 기술〉에서 자녀의 공부를 망치는 부모의 5가지 행동은 다음과 같다고 했다.
1. 자녀는 부모의 한을 풀어 주는 존재가 아니다.
2. 부모의 언행불일치(言行不一致)가 자녀의 교육을 망친다.
3. 부모는 자녀가 나 없이는 안 된다고 생각한다.
4. 무조건적인 과도한 규율은 자녀의 반항을 키운다.
5. 적성을 무시한 과도한 안정성 추구가 자녀의 꿈을 없앤다.

〈이 장의 차례〉
2.1 자녀에 대한 부모의 빗나간 사랑
2.2 부모의 욕심이 아이의 장래를 망칠 수 있다
2.3 재능에 부합되는 꿈과 진로 찾기
2.4 격려의 힘
2.5 재능에 부합되는 꿈과 진로 찾은 스노우보드 클로이 김
2.6 자녀에 대한 진정한 부모의 꿈에 대한 시

2.1 자녀에 대한 부모의 빗나간 사랑

　몇 년 전 모든 뉴스미디어는 고3 수험생인 아들의 내신 성적을 올리려고 중간 기말고사 시험문제를 빼낸 엄마와 행정실장을 구속한 사건을 크게 다루었다. 의사인 어머니는 아들을 의대에 보내기 위해 이 같은 일을 저지른 것으로 알려졌다. 해당 경찰서는 "3학년 기말고사 시험문제를 유출한 혐의(위계에 의한 업무방해)로 모 고교 행정실장 A씨와 학부모 B씨를 불구속 입건했다가 7월 30일 이들을 구속했다.

　학부모 B씨는 시험지 사본에서 아들이 어려워하는 과목을 중심으로 난이도가 높은 문제만 발췌해 A4용지 4장 분량의 학습 자료를 만들었다. B씨는 이 학습 자료를 족보라면서 아들에게 건넸다. 의사인 B씨는 아들이 의대에 진학하기를 원했으나 성적이 좋지 않아 고민한 것으로 전해졌다. A씨는 "B씨가 시험지 유출을 부탁하자 몇 차례 거절했는데 사정이 딱해 어쩔 수 없이 도와줬다"고 실토했다.

　이 사건은 교육청이 3학년 기말고사 시험문제가 유출됐다는 해당 학교의 보고가 접수되자 경찰에 고발하면서 알려지게 됐다. C군이 기말고사 시험을 치르게 전 동급생들에게 몇 문제를 풀어보라고 줬고 똑같은 문제가 시험에 출제되자 동급생들이 학교 측에 신고했다. 학교 자체 조사 결과 이 학교 행정실장이 운영위원장으로부터 부탁을 받고 기말고사 시험지를 빼낸 것으로 드러났다. 경찰은 B군에게 혐의점이 없다고 보고 참고인 신분을 유지했다. 해당 경찰서의 조사에 따르면 B군에게 혐의점이 없다는 사실에는 믿을 만한 구석이 있다. B군이 기말고사를 앞두고 동급생들에게 이 '기출문제'를 보여줬기 때문이다.

2.2 부모의 욕심이 아이의 장래를 망칠 수 있다

위의 범죄 행위에서 우리는 한 가지 교훈을 얻게 된다. '부모의 욕심'이 자신들 뿐만 아니라 아이의 장래를 망칠 수 있다는 것이다. 예를 들어 한때 부모의 욕심 때문에 자칫 적응 실패로 '득보다 실'이 많을 조기유학에 대해서 생각해 보기로 한다.

2006년까지 한국을 떠나 해외에서 유학을 시작하는 나이는 점점 더 낮아졌고 더욱 더 많은 숫자의 학생들이 한국을 떠나 새로운 환경에서 공부했다. 초중고 학생 자녀를 둔 많은 학부모들이 미국을 포함한 해외의 학교로 자녀를 보내려고 함으로써 초중고 유학에 대한 관심은 지속적으로 증가했다.

우스운 것은 조기유학의 성공 사례는 잘 알려지고, 에이전시 등을 통해 광고되고 다른 학부모들을 끌어들이는데 이용되었다. 그러나 대다수의 실패한 사례는 그 집안들의 창피여서 숨겨지고, 광고적으로도 효과가 없어서 유학 에이전시들에게 주목받지도 않았다. 그래서 주변에 들리는 이야기는 성공 사례, 누가 가서 열심히 해서 성공했다. 그러나 실제 조기유학의 실패 사례는 상당히 높은 것으로 알려져 있다.

조기유학이 실패하는 가장 큰 이유들을 들자면, 언어의 문제와 현지 적응 문제가 자주 신문이나 사람들의 입에서 지적되는 부분들이다. 그러나 이러한 실패 이유는 절대적으로 부차적인 문제에 지나지 않고, 실제로는 무엇보다도 "자기 관리를 잘해 가는 힘"이 전혀 없다는 것이 결정적인 실패 요인이라고 한다.

어린 자녀들을 일찌감치 외국으로 보내려는 이유는 저마다 다르겠지만 대체로 영어 습득으로 모아진다. 옛날과는 달리 요즘은 한국에서도 영어 습득을 할 수 있는 기회가 얼마든지 있지 않은가? 자녀가 어떤 운동이나 예술에 특별한 재능이 없는 한 어린 나이에 무리하게 조기유학을 택하기보다는 자녀가 스스로의 가치 판단 기준을 형성하고 유학에 대한 목표 의식을 갖춘 나이에 외국으로 보내도 늦지 않다는 의견이 나오고 있다. 더구나 자녀의 조기유학은 결혼은 했지만 부부는 국내와 해외로 나눠 사는 기러기 가족으로 가정불화와 자금 압박 등으로 생기는 가정 파탄이 중요한 사회문제로 등장하고 있다.

한국교육개발원이 밝힌 통계에 의하면 2006년엔 미국을 포함한 조기유학생 숫자가 약 3만여 명에 달했으나 매년 숫자가 줄어 2015년에는 1만여 명으로 떨어졌으며 이 같은 추세는 계속되고 있는 것으로 분석했다. 역 조기유학 바람이 부는 이유는 취업 문제, 미국 등 외국에서 학업을 마친 뒤 현지에서 취직을 하려 하지만 현지인들에 비해 경쟁력이 떨어지는 바람에 현지 적응에 대부분 실패를 하고 있다. 게다가 한국에 들어와서도 학교 인맥이 부족하고 유학생 출신이 예전처럼 희소하지 않아 조기유학 배경이 이력서에 큰 보탬이 되지 못하고 있다는 것이다.

한국의 주요 기업 인사 관계자들은 "지금은 유학을 다녀왔다는 이유로 플러스 점수를 받는 시대는 지났다. 아이비리그 정도가 아니면 이력서에 도움이 되지 않는다"고 현지 분위기를 전했다. 다시 말하면 조기유학을 마친 다음에 현지에 취직하기도 어려운 데다 한국에 들어오더라도 한국 내 인맥 등에서 불리한 상황에 놓이기 때문에 이래저래 손해를 본다는 인식이 확산되고 있기 때문이다.

2.3 재능에 부합되는 꿈과 진로 찾기

"자녀를 훌륭하게 길러낸 부모!" 세계적인 골퍼 박세리나 축구선수 손흥민 뒤에는 부모의 피땀 어린 후원이 있었다. 가끔 매스컴에서 성공한 사람들의 이야기를 소개할 때 보고 듣는 말이다. 이런 기사를 볼 때마다 가슴이 설레지 않는 부모는 없을 거다. 나 또한 그렇다. 세상에서 자식을 성공시키는 일만큼 보람찬 일은 없을 테니까 말이다. 그래서 가끔 부모들은 자신들이 이루지 못한 꿈을 자녀에게 강요하며 그것을 자식에 대한 사랑이라고 한다. 그러나 부모의 꿈이 아무리 좋고 훌륭해도 그것은 자녀의 꿈이 아니라는 것이다.

머지않아 자녀들은 부모로부터 독립해서 살아가야 할 존재이기에 그들이 부모와 같이 있는 동안 부모는 독립해서 혼자 살아갈 때 필요한 지혜와 생활습관을 교육할 의무와 책임이 따른다. 특히 부자의 관계에서 중요한 교훈은 아들이 아버지를 닮아 간다는 것이다. 어른들은 대화와 행동을 통해서 학교 교육 외에 아이들에게 일상생활에서 어떻게 행동하며, 문제에 부딪혔을 때 어떻게 해결하며, 또 난관에 빠졌을 때 어떻게 이겨내는 지를 체험을 통해서 직접 보여주어야 한다. 부모는 자녀의 말에 귀를 기울이면서 멘토로서의 역할을 해야 한다.

초등학교 때는 직업이 인간의 삶에 있어서 중요하다는 내용의 진로 인식, 중학교 때는 어떤 직업이 있는지 알아보는 진로 탐색, 고등학교 때는 진로에 대한 본격적인 준비에 들어가는 단계로 나눠진다.

환상적인 진로대안에서 현실적인 진로대안으로 변화하는 시기에 부모가 자녀와 많은 토론을 해보는 것이 좋다. 자녀의 꿈과 진로에 관한한 부모가 조언할 때 가장 좋은 몇 가지 이유가 있다.

부모가 자녀에게 조언해야 하는 첫 번째 이유는 부모가 자녀에게 올바른 꿈을 심어줄 때 자녀는 부모에게 감사하고, 부모를 존경하게 되어 부모와 자녀의 관계가 보다 가까워질 것이기 때문이다. 두 번째 이유는 부모가 아무리 다른 사람에게 의존해도 자녀의 진로는 어차피 부모의 영향권 아래 있기 때문이다.

자녀의 지도에 대해 지도하지 않고 영향력만 행사하려고 할 때 갈등이 생길 수밖에 없다. 세 번째 이유는 꿈과 진로에 관한 한 각 자녀의 수준과 상황에 따라 개별적인 유연한 조언이 필요하기 때문이다. 학교나 학원 등 외부에만 맡겼을 때 독특한 재능과 환경이 고려되기가 쉽지 않다. 네 번째 이유는 자녀의 꿈과 진로를 조언한다는 것은 부모가 누구보다 잘할 수 있기 때문이다.

여기서 왜 조언이라는 말을 쓸까? 선생을 가르치고 학생은 배우는 학교 교육과는 달리 꿈과 진로의 발견과 설계는 자녀들이 주도적으로 할 수 있어야 한다. 다른 사람이 만들어준 것이라면 동기와 열정이 지속될 수 없다. 그러므로 부모는 옆에서 돕는 역할만 해야 한다.

부모의 조언은 자녀에 대한 믿음을 전제로 한다. 현명한 부모의 조언은 자녀 안에 목적지를 스스로 찾아가게 하는 나침반[재능]이 이미 전제한다는 것을 믿는다. 따라서 부모 옆에서 관찰하고 경청하며, 지지하고 격려함으로써 자녀 스스로가 꿈과 진로를 찾아가고 실현하도록 개입하는 수위를 적절하게 조정해야 한다.

재능이란 무엇인가? 특정 분야를 전공하고 많이 배웠다고 해서 반드시 그 분야에 재능이 있는 것은 아니다. 경력이 많고 능숙하게 잘할 수 있다고 해도 그 분야에 재능이 있다고 단정 지을 수 없다. 성공과 행복의 조건 중에 하나는 자신의 재능과 관련된 일을 하는 것이다. 재능과 관련된 일을 하는 것과 그렇지 않은 경우에는 일에 대한 흥미나 재미, 자기 성장이나 성취에 큰 차이가 있다. 잠재적 재능은 다음과 같은 특징을 가지고 있다.

1). 재능과 관련된 일을 하면 나와 잘 맞는다는 느낌이 든다.
2). 자신감이 생기고 흥분된다.
3). 하면 할수록 재미있고 실력이 향상된다.
4). 새로운 방법을 생각하고 창의력을 발휘하게 된다.
5). 한 번 빠지면 시간 가는 줄 모른다.
6). 오랜 시간 해도 피곤하지 않고 계속 의욕이 생긴다.

하지만 우리는 학창시절에 재능이 무엇인지에 대하여 정확하게 교육을 받을 수 있는 기회가 없다. 따라서 부모는 자녀가 자기 재능에 부합되는 꿈과 진로를 분야를 스스로 발견하도록 조언하고 도와줄 책임과 의무가 있다.

2.4 격려의 힘

격려로 조언을 하면 어떨까? 세계적으로 유명한 미국의 화가인 벤자민 웨스트에 관한 다음과 같은 일화가 있다.

어느 날 그의 모친은 벤자민에게 어린 누이동생을 맡기면서 "누이동생과 집을 잘 보고 있으라." 말하고 잠시 외출을 하였다. 벤자민은 집과 어린 동생은 돌보지 않고 혼자서 물감을 가지고 동생의 초상화를 그렸다. 어머니가 집에 돌아와 보니 집안이 엉망진창이었다. 그러나 어머니는 벤자민에게 한마디의 꾸중도 하지 않고 보잘것없는 그림을 들고 "이것은 틀림없는 네 동생이구나"라고 칭찬하며 벤자민의 볼에 키스를 해주었다. 뒷날에 벤자민은 그때 어머니의 키스가 자기를 세계적인 화가로 만들었다고 고백하였다. 다시 말해 벤자민 웨스트가 유명한 화가가 된 동기는 그의 어머니가 아들의 잠재성을 인정하고 격려한데서 싹이 텄다고 할 수 있다. 격려는 정말 강력한 것이다.

이것은 우리의 삶에도 똑같이 적용된다. 우리는 격려를 누군가에게 좋은 말을 해 주는 것으로 생각할지 모른다. 그렇다면 격려의 지속적인 힘을 알지 못하는 것이다. 격려는 우리들의 생명력뿐만 아니라 우리의 삶을 빚어가는 방법 중의 하나이다. 1865년 아브라함 링컨 미국 대통령이 포드 극장에서 피격된 그날 밤, 그의 호주머니에는 자신과 자신의 정책을 지지한 신문기사를 오린 것이 있었다고 한다.

격려의 힘은 누구에게나 필요하다. 심지어 링컨 같은 위대한 지도자에게도 말이다. 따라서 부모가 자녀들에게 조언할 때 격려보다 더 좋은 방법은 없다고 생각한다.

2.5 재능에 부합되는 꿈과 진로 찾은 스노우보드 클로이 김

한국계 미국인 스노우보드 클로이 김이 2018 평창 동계올림픽 여자 하프파이브에서 금메달을 획득했다. 스노우보드 클로이 김이 2018년 2월 13일 평창 휘닉스 스노 파크에서 열린 대회 여자 하프파이프 결선에서 최종 점수 98.25점으로 우승했다. 클로이 김은 스노우보드 천재로 불리며 동계올림픽 게임 최연소 우승, 여자 선수 최초 세 바퀴 회전 연속 성공 등의 기록을 보유하고 있다. 하프파이프는 반원통형 슬로프에서 연기를 선보이는 종목이다. 평창 동계올림픽 전후해서 미국에서 클로이 김처럼 뉴스 매체의 각광을 받은 선수는 없었다.

부모의 나라에서 눈의 여왕이 된 클로이 김의 성공 스토리가 심지어 미국 정가에도 반향을 일으켰다. 미국 민주당의 딕 더빈 상원의원은 평창 동계올림픽에서 금메달을 딴 재미교포 2세 스노우보드 클로이 김의 성공 스토리는 바로 미국 이민자들의 이야기라고 강조했다. 김 선수 가족의 이야기는 미국에 많은 부를 가지고 오지도, 종종 영어에도 익숙지 않은 많은 이민자들을 떠올리게 한다고 설명했다. 이어 "그들은 오로지 더 나은 삶을 살기 위해, 우리 모두를 위해 더 나은 나라를 만들기 위해서라는 결의를 품고 이곳에 왔다"고 말했다.

더빈 의원은 한 상원 이민 개혁 토론회에서 김 선수가 평창에서 여자 하프파이프 올림픽 최연소 금메달리스트가 된 일을 언급하며 도널드 트럼프 행정부의 이민 억제 정책을 비판했다.

클로이 김의 아버지 김종진 씨는 1982년 단돈 800달러를 들고

아메리칸 드림을 꿈꾸며 로스앤젤레스에 정착했다. 고학으로 대학 졸업을 한 후 엔지니어로 일하며 계속 미국에 머물렀지만 무척 가난했다. 그만큼 클로이의 가정 형편은 어려웠고, 그래서 아빠의 헌신은 눈물겨웠다.

그녀는 4세 때부터 아버지를 따라 스노우보드를 타기 시작했다. 클로이 김이 세계적인 선수로 성장하는 데 있어 아버지의 헌신적인 뒷바라지가 있었다. 아버지는 스노우보드 재미에 푹 빠진 딸의 발전 가능성을 확인했다. 그리고 다니던 직장을 그만두고 딸과 함께 눈이 쌓인 산으로 갔다. 김 씨는 클로이 김을 매일 차에 태워 스키장으로 태워 주고 데려왔다.

김 씨는 클로이가 8살 때 친척이 사는 스위스로 스키 유학을 함께 떠났다. 김 씨와 클로이는 숙소가 있던 제네바를 새벽 4시에 출발해 하프파이프 시설이 있는 프랑스 아포리아에서 훈련을 한 뒤 밤 11시에 집에 돌아오는 일상을 2년간 반복했다고 한다.

자동차가 없어 기차를 두 번 갈아타야 하는 강행군이었다. 클로이는 스위스에서 보낸 시간이 스노우보드로서 기량을 가장 많이 키울 수 있었던 시간이었다고 회상했다. 10살 때 미국으로 돌아온 뒤에도 김 씨는 언제나 클로이와 함께 했다. 주말이면 새벽 한 시에 집에서 출발해 400km가량 떨어진 훈련장 '매머드 마운틴'을 왕복했다.

아빠가 운전하는 6시간동안 딸은 뒷자리에서 새벽잠을 잤고, 아빠는 딸이 훈련을 하는 동안 차에서 낮잠을 자는 생활을 반복했다. 클로이 김은 "아빠의 헌신이 없었다면 지금의 영광도 없었을 것"이라며 고마움을 표시했다.

2018 평창 동계올림픽에서 가장 화제가 된 SNS의 주인은 클

로이 김(18세)이었다. AP통신은 "평창올림픽이 개막할 때 클로이 김 트위터 팔로워는 1만5천 명 정도였다. 그러나 그녀가 금메달을 획득한 후에는 28만5천 명을 넘어선다"고 전했다.

  클로이 김은 이때 전 세계 소년들의 우상이었다. 그녀는 2016년 타임 선정 세계에서 가장 영향력 있는 10대 30명에 뽑혔고, 2018년에는 세계에서 가장 영향력 있는 100인에 선정됐다.

2.6 자녀에 대한 진정한 부모의 꿈에 대한 시

〈어머니의 교훈〉
지혜로운 조선의 어머니는
목숨처럼 소중한 아이가 입을 열어
맨 먼저 말을 배우기 시작하면
겨레의 혼인 한글을 깨우치게 하고
신라 천년의 고도 서라벌과
5천년 역사의 맥이 굽이치는 한강이
조국의 큰 강임을 가르친다.
지순한 이 땅의 어머니는
사랑하는 아이가 자라
혈육의 의미 깨닫게 될 때면
대한민국이 한반도의 이름이며
태극기는 겨레의 표징이라는 것과
동해물과 백두산이로 시작되는 애국가를
목이 쉬도록 가르친다.

한 순간 모든 것이 무너져 내린
조국의 참담한 현상 앞에서
피 멍든 손으로 영혼의 닻줄 당기는
어머니, 당신의 이름을 나직하게 불러도
억장은 내려앉고 뜨거운 눈물 울컥 솟아난다.
"아들아, 좌절하지 말고 다시 일어나
환상을 보라"며 저토록 비통 속에서
세기의 강물을 깨우시는 눈부신 음성
무한의 자유 공간을 향해
하얗게 비상을 시도하는 갈매기
불끈 치솟는 장엄한 태양
정녕 이 땅의 건강한 아침은 밝아오고

— 엄창섭

제3장
성공과 열정

"성공의 크기는 열망의 깊이에 좌우된다."
- 〈피터 데이비스〉

"가장 열광적인 꿈을 꿔라.
그러면 열광적인 삶을 살게 될 것이다."
- 〈나폴레온 힐〉

〈이 장의 차례〉
3.1 자녀에게 열정이 없는 분야의 공부를 강요한 부모
3.2 정확히 말해서 열정이란 도대체 무슨 뜻이냐?
3.3 정열은 인생의 힘이다
3.4 열정으로 美 NASA 우주인 발탁된 한국계 조니 김
3.5 열정에 대한 시

3.1 자녀에게 열정이 없는 분야의 공부를 강요한 부모

　미국에서 나와 함께 같은 시기에 같은 학교에서 공부한 D는 착하고 공부 잘하는 아들과 딸을 두었는데 그들이 중학교 때 일방적으로 그들의 꿈과 진로를 결정했다. 딸은 아빠의 소원대로 대학에 가서 회계학 공부를 열심히 하고 졸업 후에 좋은 직장을 다니게 되었다.
　아들의 머리가 또래에 비해서 뛰어나다는 말을 많이 들은 그는 아들을 아이비리그 의과대학에 보내 유명한 의사로 만드는 것이 그의 꿈이었다. 수줍고 말이 없는 아들은 외관상으로 D가 기대했던 대로 모든 과정을 잘 따라가고 있었다. 그러나 그는 고3 때 의대 예과보다는 뉴욕에 있는 예술학교에 가고 싶어 했다. 난생처음으로 아들의 꿈이 자기의 꿈과 다르다는 것을 발견한 D는 조금 당황했지만 아들의 의사는 무시하고 결국 아들을 좋은 사립대학교 의대 예과에 입학시켰다.
　아들이 아이비리그 의과대학에 입학하기 위해 공부를 열심히 하고 있었다고 생각한 D는 가끔 나한테 전화를 하면서 아들 자랑을 늘어놓곤 했다. 그런데 몇 년 후 하루는 D가 몹시 흥분한 목소리로 나에게 전화를 걸었다.
　자기 아들이 의대 예과 졸업장을 내밀면서 지금까지 아버지가 원하는 공부를 4년 했으니 이제부터는 내가 원하는 공부를 위해서 뉴욕으로 떠나겠다고 했다.
　무척 당황한 D는 아무리 말렸지만 결국 아들은 그가 모르는 사이에 뉴욕으로 떠나고 말았다. 크게 실망한 D는 전화를 통해서 나에게 다음과 같은 세 가지 질문은 했는데 하나씩 생각해 보기로 한다.
- (1) 당근과 체직으로 아들이 의대에 가도록 한 번 더 설득해 보고 싶은데 김형은 어떻게 생각하느냐?
- (2) 아들 친구들은 이미 대학을 졸업하고 직장을 가졌거나 또는 대학원에 진학했는데 예술을 공부하기 위해 대학생활을 지금 시작하는 게 늦지 않았느냐?
- (3) 아들은 자신의 열정이 가는 분야는 예술밖에 없다고 하는데 정확히 말해서 열정이란 도대체 무슨 뜻이냐?

3.2 정확히 말해서 열정이란 도대체 무슨 뜻이냐?

첫째, "자식 이기는 부모 없다"는 말을 믿으라고 했다. 자식과 싸워서 이기는 방법이 있긴 하다. 그러려면 먼저 정을 딱 끊어야 한다. 그런데 부모는 자녀에 대한 애정과 집착이 있기 때문에 그러기가 힘들다. 누구보다 자식이 그 사실을 잘 안다.

둘째, "늦게라도 하는 것이 아예 하지 않는 것보다 낫다"는 말은 진리라고 했다. 늦었다고 생각할 때가 가장 빠르다. 작은 천국인이 땅에서의 삶은 일회성이기에 더 이상 뱉어 버린 말과 놓쳐 버린 기회 흘려 버린 시간에 대한 후회는 잊어야 한다. 이미 끝나 버린 일을 후회하기보다 더 늦기 전에 오늘 당장 하고 싶었던 일을 시작해야 한다. 왜냐하면 오늘은 내게 남은 인생 중 가장 젊은 날이기 때문이다.

셋째, 열정은 막연한 기대감이 아니라 행동이라고 했다. 월마트의 창업자 샘 월튼는 "성공을 위해 뛰는 사람은 많다. 그러나 그들 중 상당수가 성공의 사다리에 오르지 못한다. 왜냐하면 그들은 성공을 향해 열차를 움직이게 할 충분한 열정이 없고 욕심만 있기 때문이다."

정열이 없는 곳에는 가치 있는 인생도, 사업도 없다. 진리를 구하고 찾는 데에는 냉철한 이지(理智)의 힘이 필요하지만 이를 밀고 나가는 것은 정열이다. 어디까지나 진리에 충실하려는 정열, 이것이 없고서야 이지의 힘도 명철해 지지 못한다.

3.3 정열은 인생의 힘이다

D의 가족은 시행착오로 온갖 고생을 했지만 결국 아들은 예술학교를 우수한 성적으로 졸업하고 좋은 직장을 갖게 되었다. 고생 끝에 낙이 온다는 고진감래(苦盡甘來)라는 한자성어처럼 D는 아이들의 장래는 걱정할 필요가 없게 되었다.

왜냐하면 아이들에게 물고기[재산]를 전해 주는 것보다 그들이 원하는 방법으로 물고기 잡는 방법[지혜]을 가르쳐 주었기 때문이다. 부자의 꿈이 달라서 살벌했던 가정 환경은 가족이 화목하게 지낼 수 있는 환경으로 변했음은 말할 나위도 없다.

성공은 열정과 재능에 의해서 좌우된다. 열정이란 무엇인가? 열정은 어떤 일에 열심히 열과 성의를 다하는 모습과 노력을 말한다. 재능은 타고난 소질이나 능력을 말한다. 재능은 인간은 모두가 이 세상에 태어난 순간부터 이미 온갖 가능성, 즉 장래에 이룩할 수 있는 여러 능력의 싹을 가지고 있다고 여겨진다. 인간의 정신이나 신체는 교육이 장차 형성하게 될 여러 종류의 능력이 될 수 있는 싹이나 바탕을 출생 순간에 이미 가지고 있다는 것이다. 따라서 타고난 재능에 열정을 가질 수 있다면 성공의 확률은 그 만큼 높아진다.

물론 뭔가에 대해서 열정이 있다고 해서 그것을 꼭 잘한다는 것은 아니다. 어느 정도 학습은 할 수 있지만 재능이 뒷받침이 되지 않을 수도 있다. 세상은 공평해서 재능이 있는 사람에게는 게으름을 주고 열정을 주지 않을 때가 있다. 반대로 부지런함과 열정이 있는 사람에게는 재능을 주지 않는 경우도 있다. 아무리 재능이 있다고 하더라도 시간이 지나면 열정이 있는 사람보다 더 뛰어나지는 않는 경향이 있다.

그러면 성공에 있어서 재능과 노력 중 어느 것이 우선인가? "천재는 99%의 노력과 1%의 지능으로 구성되어 있다"는 토머스 에디슨의 말은 노력이 우선이라는 것을 암시한다. 누구든지 자기의 지능만 믿고 노력하지 않는다면 결코 발전이 주어지지 않을 뿐더러 희망은 전혀 가능성이 없다. 아무리 큰 시련을 당한다 하더라도 우리가 용기와 노력으로 새로운 기회에 당당히 도전하면 시련은 장애가 아니라, 진정 넘쳐나는 활력이 된다는 것을 항시 망각하지 말아야 할 것이다. 만일 열정이 가는 분야와 능력이 있는 분야를 택해야 될 경우 다음과 같은 명언을 고려하면 해답은 분명해진다.

"승리자는 자신의 일에 몸과 영혼을 다 바친 사람이다. 성공을 위한 엔진의 최고의 연료는 열정이다. 사람은 그 자신이 무한한 열정을 품고 있는 일에는 대부분 성공한다. 세월은 피부의 주름을 늘리지만, 열정을 잃는 때에는 정신은 시든다. 열정 없이 위대한 것이 달성된 예는 하나도 없다. 열정은 천재와 같다."

대다수 사람들에게 있어 어떤 일에 열정을 갖게 되면 아무리 어렵더라도 그 일에 도전해 보고 싶은 욕구가 발동한다. 욕망은 단순히 쾌락이나 욕정을 말하는 것이 아니라 '지금 당장 저지르게 하는 힘, 즉 모험심을 유발한다.' 모험은 한 개인의 역사에 주목할 만한 사건이 된다. 모험은 우리가 불확실한 결과를 예측하면서도 미지의 세계에 대담하게 도전하게 하는 동기를 부여한다. 그리고 또 하나 재미있는 사실은 모험의 어원이 라틴어의 "도착한다는 것"에서 유래되었다는 점이다.

버락 오바마, 빌 게이츠 등 세계적 리더들에게 극찬을 받은 심리학자 앤절라 더크워스 미국 펜실베이니아 대 교수는 2016년 12월 국내에 번역 출간된 〈그릿(원제, GRIT)〉을 통해 성공의 핵심은 재능과 천재성이 아닌 열정과 끈기라고 주장했다. 이 책은 1,000만 권이나 팔린 베스트셀러로 경영 필독서, 2016년 최고의 도서로 꼽혔다. 전 미 재무장관인 로렌스 서머스는 이 책에 대해 "미국의 국보로 삼아야 할 엄청난 책"이라고 추천사에 적었다. 야망을 가진 젊은이들에게 일독을 권할 만한 책이다.

3.4 열정으로 美 NASA 우주인 발탁된 한국계 조니 김

동아일보는 2020년 1월 16일 우주비행사 선발과정에 합격한 한국계 미국인 조니 김을 "아이들에게 영감 주려 도전… 꿈, 열정 좇는게 인생서 가장 중요"라는 제목으로 소개했다.

한국계 미국인 최초로 미국 항공우주국(NASA) 우주비행사에 선발된 조니 김(36)은 2020년 1월 14일 동아일보 전화 인터뷰에서 "내 성과의 많은 부분은 한국계 미국인 이민자의 노력과 희생의 대가"라며 "아메리칸 드림을 이룰 수 있게 해준 부모 세대의 희생과 사랑을 상징하고 대표할 수 있어 영광스럽다"고 말했다. 인터뷰 전날인 13일은 한인들이 미국에 이주한 지 꼭 117년이 되는 날이었다.

조니 김은 1,600대 1의 경쟁을 뚫고 달과 화성을 탐사하는 아르테미스 프로젝트를 수행할 11명의 미국인 우주비행사 중 1명으로 선발됐다. NASA에서 부모가 모두 한국계인 우주인은 그가 처음이다. 그는 지난 2년간의 고된 우주비행사 훈련 과정을 도전의 연속이라고 표현했다.

미 최정예 특수부대 네이비실 출신인 그도 우주비행사가 되기 위해 상당한 시련과 좌절을 겪었다고 했다. 특히 서부 유타주 '유타 캐니언 랜즈' 국립공원에서 참가한 야외 생존 리더십 프로그램(National Outdoor Leadership School)은 잊을 수 없는 고통의 순간으로 남아 있다.

깊은 바위틈을 건너고, 차갑고 탁한 물로 가득 찬 바위 협곡을 지나며 인간의 한계에 도전하는 이 프로그램은 사막의 살인적 더위와 추위, 배고픔, 피로 등을 이겨 내야 한다. 조니 김이 "쓰러질 때마다 다시 일어서기만 한다면 동료들의 도움으로 무슨 일이든 해낼 수 있다고 믿었다. 아내 등 가족의 격려 덕분에 과정을 마칠 수 있었다"고 기억했다.

1984년 캘리포니아주 로스앤젤레스에서 태어난 그는 2002년

샌타모니카 고교를 졸업하고 미국 해군 특수전 부대인 네이비실에 입대했다. 가족들은 강하게 반대했지만 그는 "네이비실에 대한 얘길 처음 들었을 때부터 '반드시 하고 싶다'고 느꼈다고 말했다. 이어 "어떤 한국 어머니가 대학 대신 해군에 입대하겠다는 아들딸을 원하겠나? 하지만 이것은 나의 꿈이었고 누구도 막을 수 없었다고 덧붙였다.

그는 네이비실 요원으로 두 차례 이라크에 파병됐다. 특수작전 의무병 등으로 100여 차례 전투에 참가해 은성 무공훈장과 동성 무공훈장을 받았다. 전쟁이 끝난 뒤 하버드대 의대 진학을 결심했다. 2006년 이라크 라마디에서 목격한 동료의 죽음이 계기였다.

"친한 동료가 얼굴에 총상을 입었다. 의무병으로서 능력의 한계와 무기력함을 느꼈다. 당시 동료를 살리기 위해 노력하던 야전병원 군의관의 모습이 자극이 됐다. 사람들을 돕고 세상에 긍정적인 기여를 하고 싶었다."

2017년 매사추세츠 종합병원 등에서 응급의학과 레지던트로 근무하던 그는 다시 우주비행사 선발 과정에 도전했다. 그는 "NASA는 다음 세대 아이들에게 영감을 줄 수 있는 플랫폼이라고 생각했다"며, "아이들에게 영감을 줄 수 있는 일을 하면서 인생을 살아갈 수 있는 훌륭한 길이라고 생각해 지원했다"고 이유를 설명했다.

네이비실 요원, 의사, 우주비행사 등 미국인이 선망하는 직업을 모두 거친 그를 미 정계도 주목하고 있다. 집권 공화당 중진인 테드 크루즈 상원의원(텍사스)은 텍사스주 휴스턴 존슨 우주센터에서 열린 아르테미스 프로그램 수료식에서 "당신은 하버드대

의대 졸업장을 가진 네이비실 요원이어서 사람을 죽일 수도, 다시 살릴 수도 있다. 우주에서 그 두 가지 일을 다해 달라"며 농담 섞인 덕담을 건네기도 했다. 조니 김은 앞으로 플로리다주 케네디 우주센터에서 의료, 조종 훈련 등을 받고 휴스턴으로 복귀할 예정이다.

NASA는 2024년 달에 우주인을 다시 보낼 계획이다. 그가 달에 발을 디딜 수 있다면 무슨 일부터 하고 싶을까? 그는 "이 여정을 가능하게 해준 모든 사람들에게 감사 인사부터 보낼 것"이라며 "우주비행사는 우주 프로그램에 참여한 모든 사람들의 노력과 지지를 상징한다고 했다.

조니 김은 우주인이 꿈인 청년들에게 "인생에서 가장 중요한 일은 꿈과 열정을 좇는 일"이라며 "우주인이 되려는 열정을 경력과 일치시키고 그 꿈을 좇아라"라고 조언했다. 그는 "자신의 일에서 느끼는 행복은 삶의 가장 훌륭한 선물"이라며 "그것이 당신 주변의 모든 사람들의 삶도 풍요롭게 할 것"이라고 강조했다.

아이들에게 영감을 주려고 우주비행사에 도전했다는 말과 꿈과 열정이 인생에서 가장 중요하다는 조니 김의 말에 귀를 기울일 필요가 있다.

그는 네이비실 요원으로 두 차례 이라크에 파병됐다. 특수작전 의무병 등으로 100여 차례 전투에 참가해 은성 무공훈장과 동성 무공훈장을 받았다. 전쟁이 끝난 뒤 하버드대 의대를 졸업하고 업무 능력을 인정받아 매사추세츠주에서 제일 좋은 병원에서 근무할 기회도 얻었다. 조니 김이 주변의 부러움을 살 만한 엄친아 같은 행보였다.

그런데 그는 지난 2017년 돌연 병원에 사표를 던진다. 동료들은 휘둥그레진 눈으로 김 씨를 봤다. 주변에선 놀란 눈으로 "너 왜 그러냐"며 한국계 미국인이 우주비행사 선발과정에 도전해서 성공한 사례를 못 봤다고 말렸다.

조니 김은 "청년들에게 인생에서 가장 중요한 일은 꿈과 열정을 좇는 일"이라고 했다. 부모의 강한 반대에도 불구하고 내이비실에 도전한 이유는 그의 꿈 때문이었다. 그리고 네이비실 요원이 되기 위한 살인적 훈련은 그의 열정으로 극복했다. 우리는 여기서 조니 김은 능력이 있는 분야보다는 열정이 가는 분야를 선호한다는 사실을 확인할 수 있다.

그는 "내 성과의 많은 부분은 한국계 미국인 이민자의 노력과 희생의 대가라고 했다." 여기서 우리는 조니 김이 네이비실과 우주비행사 선발에 도전한 것은 자신의 꿈을 공동체의 꿈이라고 크게 생각한데 주목할 필요가 있다.

올림픽에서 금메달을 획득한 선수들도 신문기자와의 인터뷰에서 이와 비슷한 얘기를 하는 것을 우리는 종종 볼 수 있다. 시상식장에서 울려 퍼지는 감동의 국가 연주와 함께, '국가를 위해서 연습한다고 생각하고 또 올림픽 결승 직전에도 조국을 위해 이 한 몸을 바친다고 생각하니 한순간 놀랍게도 열정이 용솟음쳐 기대 이상의 성과를 내였고, 마침내 우승했다'라는 것이다.

3.5 열정에 대한 시

〈열정〉
완전한 잠재력에 도달하려면
비전[감정], 규율[신체], 열정[심장], 양심[영혼]이 항상 필요한데
그 중에 제일은 열정이라!
남들이 앉아 있을 때 열정이 있는 사람은 걷고
그들이 걸으면 열정이 있는 사람은 뛴다.
아, 숨 가쁜 역주(力走) 뒤에
젖과 꿀이 흐르는 땅이
있다는 것을 확신하기 때문에!
세상아 비켜라!
사랑도 눈물도 남김없이
뛰고 또 뛰면서
꿈을 향해 앞만 보고 달린다.
하나님의 인도로
가나안 땅에 도착하기 위해서 말이다
대단한 헌신 없이는 위대한 성공도 없다.
열정이 있으면
전심전력으로 일에 매진하기 때문에
경쟁 상대가 별로 없어
쉽게 성공한다는 말을 믿으라!

— 김석희

제4장
야망과 욕심

"우리를 고통스럽고 힘들게 하는 세 가지 유혹이 있다. 첫째는 성적 욕망이요, 둘째는 자만심이요, 셋째는 부에 대한 턱없는 욕망이다. 인간의 모든 불행은 이 세 가지 탐욕에서 비롯된다. 그런 욕망만 없다면 인간은 행복하게 살 것이다. 하지만 그것들에 몹시 병들은 우리들이 그것을 어떻게 멸절(滅絶)시킨단 말인가? 열심히 일하고 자신을 단련시키는 길밖에 없다. 이것이 유일한 해결책이다. 이 세계는 오직 마음을 갈고 닦음으로써 개선될 것이다."

― 〈라 메네〉

〈이 장의 차례〉
4.1 승전에 취했던 나폴레옹 욕심 때문에 실패했다
4.2 욕심과 소망의 차이
4.3 소망을 품고 성공한 사람들이 절대로 하지 않는 20가지
4.4 소망으로 1마일 4분의 벽을 깬 로저 배니스터
4.5 용기에 대한 시들

4.1 승전에 취했던 나폴레옹 욕심 때문에 실패했다

전쟁을 벌여 계속 이기다 보면 승리에 도취되거나, 이왕이면 더 큰 성과를 얻기 위해서 브레이크가 고장 난 자동차처럼 멈출 줄 모르고 질주하는 경우가 있다. 이것을 '승자 효과'라 고 한다.

큰 야망을 가진 남성들은 혈액 1ℓ 당 0.1g의 남성호르몬 테스토스테론을 가지고 있는데 승리를 거둘 때마다 테스토스테론의 분비가 더욱 왕성해진다고 한다. 공격적 행동을 유발하는 테스토스테론 수치가 높아질수록 전투력도 향상되기 때문에 한번 이기면 승승장구할 확률이 높아진다고 한다. 이것이 바로 승자 효과다. 그러나 야망이 욕심으로 변하면 실패할 수 있다는 것이다. 하지만 현명한 리더는 야망을 소망으로 바꿔서 바로 승자 효과를 잘 이용하되 멈춰야 할 때는 멈출 줄 알아야 한다.

나폴레옹은 오스트리아, 스페인, 프로이센(그 당시 독일 북부 지역에 위치한 왕국) 및 홀란드 왕국 등과의 전쟁에서 연전연승을 거두고 이 나라들을 위성 국가로 만드는데 성공했다. 나폴레옹에게는 명(名) 외교관이 한 명 있었다. 외무장관 탈레랑이다. 그는 나폴레옹을 정계에 데뷔시킨 인물이기도 하다. 탈레랑은 이들 위성 국가들뿐만 아니라 러시아에 대한 무리한 요구들을 철회하라고 나폴레옹에게 요청했다. 그런데 연이은 승리에 과다 분비된 테스토스테론은 나폴레옹을 그 자리에 멈출 수 없게 만들었다.

그는 탈레랑의 건의를 묵살해 버렸다. 다시 말해 그의 야망은 욕망으로 변했다. 아니나 다를까, 탈레랑의 우려대로 이후 오스트리아는 끊임없이 프랑스를 괴롭혔다. 나폴레옹은 영국을 철저하게 굴복시키기 위하여 1806년 대륙봉쇄령을 내려 유럽 국가로

하여금 영국과의 모든 교역을 일제히 금지시켰다. 그러나 러시아는 대륙봉쇄령을 무시했다. 이로 인해 나폴레옹으로선 러시아 진격이라는 최악의 카드를 사용하게 됐다.

만약 나폴레옹이 네만 강에서 멈췄더라면 그렇게 비참한 최후를 맞지 않았을지도 모른다. 멈출 수 없는 자의 비극이다. 워털루 전투에서 나폴레옹에게 패배의 잔을 안겨준 웰링턴은 "정복자는 포탄과 같다는 말을 했다." 잘 날아가다가 결국에는 포탄처럼 폭발해서 흔적도 없이 사라지고 만다는 말이다.

시작하기에 늦었다고 생각될 때가 빠르다는 말처럼, 그만두기엔 이르다고 생각될 때가 적당한 때라는 말도 명심해야 한다. 워털루 전투란 1815년 6월 18일, 벨기에 남동부 워털루에서 나폴레옹이 이끄는 프랑스군과 웰링턴이 이끄는 영국과 네덜란드의 연합군이 싸워 연합군이 프랑스군을 격파한 전투를 말한다.

이 전투는 나폴레옹 최후의 전투이며 여기서 패배한 나폴레옹은 2번째 황제의 자리에서 물러나 세인트헬레나로 유배되어 그곳에서 생을 마감한다.

4.2 욕심과 소망의 차이

"젊은이여, 야망을 품어라"는 말이 있다. 야망이 욕심이 될 수도 있고 소망이 될 수도 있다. 나폴레옹의 애화에서 우리는 한 가지 교훈을 얻게 된다. 승전에 취했던 나폴레옹은 결국 그의 야망이 욕심으로 변해서 실패했다. 나이 먹은 기성세대에게는 야망을 품으라는 말 대신 욕심을 버리라는 이야기를 많이 한다.

젊은 세대는 세상을 변화시킬 힘을 가지고 있다. 그런 잠재된 힘을 마음껏 펼칠 수 있는 것은 나이가 어려서가 아니라 도전할 수 있는 용기와 새롭게 진로를 정할 수 있는 기회가 있기 때문이다. 야망은 나를 위한 것이라기보다는 우리 모두를 위해 세상을 바꾸는 일이기 때문에 젊은이들에게 야망을 품으라고 충고한다.

대부분의 사람들은 나이가 들면서 야망이 욕심으로 변화돼 간다. 처음 출발은 시민을 위해, 국민을 위해, 아름다운 세상을 위해, 뭔가 해보겠다고 나서지만 많은 사람들이 그 결과를 자신의 치부를 위해, 자신의 일가친척을 위해, 집안 명예를 위한 것으로 전락되는 모습을 지켜본다.

'세상을 위해'로 시작했던 일이 '내가 먹고 살기 위해'로 변하면 바로 야망이 욕심으로 변한 결과다. 사회에 중심이 되고 있다는 기성세대를 보통 40대로 본다. 그들은 이미 충분한 사회 경험과 자신의 기술을 살려 사회를 이끌어 가는 중심 세력이기도하다. 자신이 없으면 사회가 흔들릴 것 같고, 기업이 망할 것 같기도 하고 또 가정이 파탄될 것 같이 생각되기도 한다. 그러나 그것은 한갓 기우에 지나지 않는다는 것을 곧 깨닫게 된다.

자신을 대체할 새로운 젊은이들이 호시탐탐 자신의 자리를 노리고 있다는 것과 아이들도 훌쩍 커서 독립할 준비를 하고 있으며 아내도 나름대로 세상 이치를 알고 혼자서도 당당히 살 수 있을 만큼 기반이 되어 있다는 것을 문득 알게 된다. 그것을 알면 서글퍼지는 법이다. 그래서 욕심이 생기는 모양이다.

기성세대가 가져야할 것은 아름다운 노후를 준비하는 것이다. 욕심이라는 괴물의 특성은 하나의 머리를 잘라 내면 그 자리에 두 개의 머리가 자라는 특징을 가지고 있다고 한다.

야망은 젊은이들만 가지는 특권이라고 하겠지만 결코 그런 것만은 아니다. 용서의 상징인 넬슨 만델라와 레이건 그리고 김대중 대통령의 공통점은 세 사람 모두 70세가 넘어서 자기 국가의 원수가 되었을 뿐만 아니라, 세상을 바꾼 큰 정치가가 되었다는 점이다. 우리의 소중한 삶의 일상에서 위기를 맞으면 포기하는 사람이 있고 상대적으로 인동초(忍冬草)처럼 생리적으로 더욱 강해지는 사람이 있다.

이 세 정치가는 극복하기 어려운 위기를 맞아서도 더욱 그 자신의 야망을 강하게 실천하여 마침내 위기를 기회로 삼아 막중한 임무를 수행한 대 정치가로 변신하였다.

젊었을 때 꿈을 가지고 열심히 살고 노후에는 국가와 이웃을 위해 열심히 봉사하는 많은 사람들이 우리에게 야망과 욕심의 차이를 느끼게 만든다. 또한 야망은 희망이 될 수도 소망이 될 수도 있다. 희망은 순수하게 바라는 마음으로 ~ 했으면 좋겠다, ~ 하고 싶다를 의미한다. 하지만 소망은 희망보다 좀 더 개인적이고 간절한 마음으로 "꼭 ~ 했으면 좋겠다, ~ 되었으면 좋겠다"를 의미한다.

비교하자면 막연한 기대와 개인의 꿈, 야망, 희망 등이 구체적으로 나타나는 것이 소망이다. 어릴 적에는 누구나 꿈을 먹고 산다. 그러나 그 꿈이라는 게 막연하고 추상적이어서 대통령, 장군, 선생님, 간호사 등으로 자라면서 수정되고 바뀌는 특징을 지닌다. 이루고자 하는 구체성과 간절함이 부족하기 때문이다.

반면에 소망에는 구체적인 주제와 간절함이 깊게 배어 있다. 그래서 대다수 사람들은 그 소망을 이루기 위해 자신이 믿는 신에게 또는 절대자에게 가호를 청하기도 한다.

4.3 소망을 품고 성공한 사람들이 절대로 하지 않는 20가지

1) 성공의 기준을 돈으로 삼지 않는다

성공한 사람은 행복, 마음의 평안, 타인을 위한 봉사를 성공의 기준으로 삼는다. 그들이 생각하는 돈은 여유 있는 생활을 위한 도구일 뿐, 그들은 돈으로 행복을 살 수 없음을 알고 있다.

2) 계획 없이 하루를 시작하지 않는다

성공한 사람은 시간을 계획적으로 사용할 줄 안다. 그들은 일의 중요도에 따라 순서를 정하고 자신의 일과를 처리한다. 또한, 중요한 회의나 모임을 잘 관리할 뿐 아니라 효율성 있게 시간을 조절함으로 최고의 성과를 만들어 낸다.

3) 완벽을 추구하지 않는다

성공한 사람은 완벽에 대한 집착 때문에 시간과 체력을 낭비하지 않는다. 그들은 불필요한 집착으로 작은 일에 시간을 낭비하는 것보다는 성장을 지향하는 편이다. 성공한 사람은 과정을 통해 더욱 완벽한 성공을 지향한다.

4) 부정적인 사람들과 가까이 지내지 않는다

성공한 사람은 불만이 많거나 습관적으로 핑계 대는 사람을 멀리한다. 성공한 사람이 이런 사람과 거리를 두는 이유는 부정적인 에너지를 받지 않기 위해서다.

5) 어려운 상황을 문제로 단정 짓지 않는다

성공한 사람은 어려운 상황이 닥쳤을 때 이전과 마찬가지로 하나의 도전으로 생각한다. 그들은 새로운 도전을 했을 때 그로 인해 더욱 성장하고 발전할 수 있다는 교훈을 믿는다.

6) 실패로 좌절하지 않는다

성공한 사람들에게 실패라는 것은 여전히 배움과 성장의 과정이다. 그렇기에 아무리 여러 번 실패해도 그들은 다시 일어설 수 있다는 믿음이 있다.

7) 어떤 문제 때문에 낙심하지 않는다

살다 보면 늘 이런저런 문제가 생긴다. 그럴 때마다 낙심한다면 스트레스만 쌓일 뿐이다. 성공한 사람은 문제가 생겼을 때 문제 자체를 고민하기보다는 문제의 해결 방법에 집중한다. 이런 태도는 가라앉는 기분도 변화시킬 뿐 아니라 문제해결에도 도움이 된다.

8) 타인의 비판으로 자존감에 상처받지 않는다

성공한 사람은 다른 사람의 충고나 비판에 상처받지 않는다. 그들은 자신이 무엇을 원하는지 또 무엇을 위해 나가는지 정확히 알고 있다. 사람들이 타인의 평가로 상처를 받는 이유는 스스로 자신의 존재감에 대한 확신이 없어 서다.

9) 핑계를 대지 않는다

성공한 사람은 자신의 실수를 인정할 줄 안다. 만약 계획대로 일이 성사되지 않는다면 그들은 끝까지 책임을 지고 결말을 찾으려고 한다. 일이 크건 작건 자신이 목표한 일을 달성하려 노력한다.

10) 다른 사람의 성공을 시기하지 않는다

성공한 사람은 그 누구라도 성공의 잠재력이 있다고 믿는다. 그리고 성공을 이룬 사람들이 많을수록 더 좋은 세상을 만든다고 믿는다. 그렇기에 다른 사람이 성공을 이룰 때 시기나 질투를 하지 않고 오히려 감동하고 자극으로 받아들인다.

11) 사랑하는 사람들을 소홀히 대하지 않는다

성공한 사람은 아무리 일이 중요해도 가족, 파트너 그리고 자신을 잘 챙길 줄 안다. 진정한 성공은 가까운 곳에서부터 시작되고 사랑하는 사람들 역시 성공을 향한 원동력이기 때문이다.

12) 일에만 매달리지 않고 즐길 줄도 안다

성공한 사람은 아무런 즐거움 없이 노동만하는 것은 의미 없다고 생각한다. 그들은 자신이 좋아하는 것을 즐기면서 일과 취미 활동의 균형을 찾을 줄 안다.

13) 건강을 소홀히 여기지 않는다

진짜 성공한 사람들은 건강한 신체의 중요성을 잘 인지하고 있다. 일에 대한 동기 부여, 건전한 정신 그리고 건강한 체력이야말로 성공을 이루기 위한 기본이다. 즉, 건강이 삶의 기본이다. 건강이 망가지면 모든 게 정지이다.

14) 불확실한 목표는 세우지 않는다

성공한 사람은 자신의 목표를 '정확히' 알고 있다. 일단 목표를 정하면 그 과정에 필요한 계획과 지도를 그리기가 쉽다. 이때 중요한 것은 절대 포기하지 않고 지속해서 노력하는 것이다. 정확한 목표가 있다면 자신의 삶을 평가하고 진단하기가 훨씬 쉽다. 그렇기에 목표만 잘 세워도 계획의 반은 달성한 셈이다.

15) 말로만 하지 않고 행동으로 옮긴다

성공한 사람은 누구를 비판하든 새로운 아이디어를 내든 말로 끝내지 않는다. 자신의 말에 책임지고 약속한 기간 안에 다짐한 것을 실천한다. 즉, 실행과 신뢰는 같은 말이다.

16) 스스로 피해자가 되는 상황을 용납하지 않는다

성공한 사람은 다른 사람 때문에 피해 받는 상황을 만들지 않는다. 즉, 나쁜 상황이나 나쁜 인간을 잘 판단하고 대처할 수 있다. 그렇기에 앙심을 품거나 복수심을 가질 일도 없다. 진정한 행복은 나쁜 상황은 최대한 막고 좋은 환경을 최대로 만드는 데서 온다는 사실은 그들은 잘 알고 있다.

17) 과거에 집착하지 않는다

성공한 사람은 과거의 일로 괴로워하지 않는다. 힘든 과거사에 집착하면 그 시간 동안 또다시 현재를 즐길 수가 없다.

18) 변화를 두려워하지 않는다

아무리 계획과 작전을 세워도 시간이 지나면 상황이 바뀌게 마련이다. 성공한 사람은 이러한 사실을 잘 인지하고 받아들인다. 성공을 향한 길은 정해지지 않았다는 사실은 그들은 잘 알고 있으며 상황에 따라 계획을 융통성 있게 조절하고 적응할 줄 안다.

19) 배우기를 멈추지 않는다

성공한 사람은 나이가 들어도 새로운 학습에 전진한다. 그들은 어떤 사람을 만나던 어디를 가든 배울 점이 있다고 믿는다. 그들은 늘 겸손한 자세로 자신을 빈 컵처럼 채우고 싶어 한다.

20) 매사에 감사함을 잊지 않는다

성공한 사람은 모든 것에 감사한 마음을 가진다. 자기를 돕고 지지하는 사람들에게도 감사의 표시를 잊지 않는다. 일이 중요하건 아니건 또 큰일이건 아니건 중요하지 않다. 그들은 자신의 삶에서 감사 거리를 찾는 것에 집중한다. 그게 행복한 삶을 향한 길이기 때문이다.

4.4 소망으로 1마일 4분의 벽을 깬 로저 배니스터

소원은 꿈을 키우고 우리는 꿈을 이루고자 하는 소망에 자극을 받는다. 그러나 희망만으로는 성공할 수 없다. 좋은 뜻이었으나 게으름으로 인해 꽃피우지 못한 큰 소원들이 많다. 하지만 유전자를 가진 사람이 희망을 갖고 끊임없이 도전한다면 불가능이란 없다. 인간은 수많은 도전을 기록해 왔다. 그 도전을 통해 사람들은 남극과 북극에 발을 디뎠고, 세계 최고봉인 에베레스트산

등반에 성공했다. 1마일과 4분 벽도 예외는 아니었다. 인간이 4분 안에 1마일을 달리는 것은 불가능했다. 그것은 결코 극복할 수 없는 거대한 육체적, 정신적, 심리적 장벽이었다.

영국에서 공부하고 있는 의대생 로저 배니스터(Roger Bannister)에게는 큰 소망이 있었다. 달리기에서 그는 4분 이내에 1마일(440야드 트랙 4바퀴)을 달린 최초의 운동선수가 되었다.

20세기 초 육상에 관심이 많은 사람들은 4분의 벽이 무너지는 날을 고대했다. 수년에 걸쳐 많은 뛰어난 주자들이 4분 장벽을 깨는 데 가까워졌지만 임계점에서는 부족했다.

배니스터는 새로운 세계 기록을 세우겠다는 희망을 품고 강도 높은 훈련에 온 힘을 쏟았다. 그에게 4분 1마일의 장벽에 도전하는 것은 영적인 도전과도 같았다. 그는 의대생으로서 인간이 견딜 수 있는 최대의 고통과 최고의 라스트 스퍼트 방법을 연구했다. 100야드 단거리 경주나 마라톤과 달리 1마일 경주에서는 속도와 체력이 최대한 최적으로 균형을 이루어야 한다.

스포츠 관계자 중에는 과연 4분의 벽을 깨뜨릴 수 있을지 의문을 품는 이들도 있었다. 자칭 전문가조차 인간이 4분 안에 1마일을 달리는 것은 이론적으로 불가능하다고 말했다.

로저 배니스터의 원대한 소망은 1954년 5월 6일, 그가 26세가 되던 해에 마침내 실현되었다. 그는 3분 59.4초 만에 결승선을 통과해 세계신기록을 세웠다.

4분의 장벽을 넘고 싶은 배니스터의 간절한 소망은 온몸을 바쳐 집중 훈련한 끝에 이뤄졌다. 죽을 각오를 하고 4바퀴(1마일)를 달려 마침내 결승선에 도달한 로저 배니스터는 극심한 고통에 의식을 잃을 뻔했고 쓰러졌다. 잠시 동안 그의 눈에는 모든 것이

흑백으로 나타났다. 산소 부족으로 몸의 모든 기관이 작동을 멈춘 것 같았다.

1954년 로저 배니스터가 위의 기록을 깬 이후 336명이 4분 안에 1마일을 달렸다고 한다. 수백 년이 지나도 누구도 깨뜨릴 수 없을 것이라고 생각했던 장벽, 인간의 한계로 신이 정해 놓은 듯했던 장벽이 로저 배니스터에 의해 깨졌다.

모두가 불가능하다고 말하는 시대에 그 벽을 깨고, 도전하고, 그것을 이루는 사람이 되고 싶은 사람들이 늘어났다. 그러다 보니 그때까지는 누구라도 감히 시도하기 어려웠고, 백 년 동안 단 한 명도 성공하지 못했는데도 많은 사람들이 할 수 있을 거라 생각했고, 지난 50년 동안 336명이 성공했다.

4.5 용기에 대한 시들

〈성공스피치〉
오라. 친구들이여
새로운 세계를 찾기에 아직 늦지 않았노라
힘차게 밀고 나가자, 줄지어 철썩거리는
파도를 가르며 나아가자.
내 목표는 해 지는 쪽 너머로 서쪽 별들이
모두 물에 잠기는 곳을 향해
목숨이 다하는 날까지 항해하는 것이다.
심해가 우리를 잡아 삼킬지도 모르지만
"행복의 섬"에 다다라서

전설의 위대한 아킬레스를 만날지도 모르지만
잃은 것도 많지만 아직도 남은 것도 많다.
그리고 이제는 비록 하늘과 땅을
움직였던 힘을 갖고 있지 못하지만
영웅의 기상은 한결같다.
세월과 운명에 의해 쇠약해져도
강한 의지로 분투하고 추구하고 발견하고
결코 굴하지 않으니.
— 알프레도 로드 태니슨

〈위험으로부터 벗어나게〉
위험으로부터 벗어나게 해달라고 기도하지 말게 하시고
위험에 처해서도 겁을 내지 말게 해달라고
기도하게 하소서.

고통을 멎게 해달라고 기도하지 말게 하시고
고통을 극복할 용기를 달라고 기도하게 하소서.

인생의 싸움터에서 동조자를 찾게 해달라고
기도하지 말게 하시고
인생과 싸워 이길 스스로의 힘을 달라고 기도하게 하소서.

근심스러운 공포에서 구원해 달라고 기도하지 말게 하시고
자유를 싸워 얻을 인내를 달라고 기도하게 하소서.

겁쟁이가 되고 싶지 않나이다.
도와주소서.

일취월장하는 성공 속에서만 하나님이 자비하시다고
생각지 말게 하시고
거듭되는 실패 속에서도 하나님이 내 손을
힘껏 쥐고 계시다고 감사하게 하소서

- 타고르

제5장
칠전팔기의 교훈

"대저 의인은 일곱 번 넘어질지라도 다시 일어나려니와 악인은 재앙으로 말미암아 엎드러지느니라."
 - 〈잠언 24장 16절〉

〈이 장의 차례〉
5.1 꿈을 너무 쉽게 포기한 능력 있는 친구
5.2 칠전팔기(七顚八起)
5.3 태국 동굴 소년들을 구한 건, 포기 말자는 정신
5.4 절대 포기하지 말라
5.5 포기하지 말라에 대한 시

5.1 꿈을 너무 쉽게 포기한 능력 있는 친구

내 친구 A는 한국에서 나와 함께 공부했고 전공도 같았으며 장래의 희망도 같았다. 1960년대는 이 땅의 정객이나 위정자들은 고도의 경제성장과 반공의 구실로 독재정치를 정당화했고 대학생들은 민주주의라는 대의명분을 내세워 데모를 계속했기 때문에 한국의 사회 현실은 하루도 조용할 날이 있을 수 없었다. 그럼에도 불구하고 고등교육을 받은 젊은이들과 정부 관리들이 함께 추진했던 공통점이 하나 있었다.

그 당시에는 한국과 미국 및 서방 세계의 경제나 기술 수준의 차이가 하늘과 땅처럼 컸던 때였다. 따라서 고등교육을 받은 젊은이들은 직장이나 공부를 위해서 외국으로 가기를 원했고 정부에서도 외화벌이와 고등 인력의 양성을 위해서 이들의 외국 진출을 적극 권장했다. 이러한 시기에 A와 나도 미국에서 선진 경제와 경영 지식을 배워서 한국으로 돌아가 일생동안 내 나라 내 민족을 위해 최선을 다하겠다는 큰 꿈을 갖고 있었다.

A는 미국 유학에 필요한 모든 조건―실력, 재능 및 재산―을 갖추고 있어서 나보다 몇 년 먼저 일류 대학으로부터 입학허가서를 받고 도미한 것을 알고 있었다. 나는 내가 1969년 미국에 도착했을 즈음 그는 박사 학위 과정에 있으리라고 믿었던 A를 만났다. 하지만 그는 공부는 포기하고 직원 몇 명을 두고 남의 잔디 깎아 주는 일을 하고 있었다. 나는 깜짝 놀라서 공부는 왜 포기했으며 앞으로 공부를 계속할 의향이 있느냐고 물었지만 그는 고개를 설레설레 흔들면서 공부는 영원히 포기했단다.

처음 1년 동안은 자비로 공부를 했지만 부모의 사업이 실패하는 바람에 고학으로 공부를 계속하려고 했지만 힘들어서 공부를 포기함에 따라 앞으로 공부를 마치고 한국에 돌아와 교수가 되려던 꿈도 자연적으로 포기하게 되었다. 그 좋은 실력과 재능 특히 뛰어난 영어 실력을 가진 그가 공부를 해서 우수한 교수가 되려던 꿈을 너무 일찍 포기했다는 생각이 들었다.

5.2 칠전팔기(七顚八起)

칠전팔기는 일곱 번 넘어져도 여덟 번 일어나서 마침내 성공한다는 고사이다. 아주 오랜 옛날 전투에 패해 쫓긴 장수 하나가 조그만 굴에 몸을 숨겼다. 그러자 간신히 비집고 앉은 굴 입구에 거미 하나가 줄을 쳤다. 처량한 신세를 한탄하며 아무 생각 없이 거미줄을 손으로 훑어버렸다. 그러자 거미는 처음부터 다시 줄을 치기 시작했다. 딱히 숨어있는 것 말고는 다른 할 일도 없고 해서 거미가 줄을 다 치자 아무 생각 없이 다시 훑어버렸다. 그런데도 거미는 포기하지 않고 또 줄을 치고 말았다.

'이젠 하찮은 미물까지 나를 무시하는구나!' 괘씸한 마음에 그렇게 다 만든 거미줄을 일곱 번이나 훑어버렸는데도 거미는 묵묵히 여덟 번째 거미줄을 치더란다. 이런 답답한 놈이 있나? 이쯤 되면 포기할 일이지!'하며 거미의 우둔함을 탓하던 순간 갑자기 적병의 수색대가 굴 입구에 들이 닥쳤다. 이젠 꼼짝없이 죽었다 싶어 몸을 납작 엎드린 채 숨을 죽이고 있자니 노련한 적 병사 하나가 굴 입구로 다가와 거미줄로 입구가 막힌 것을 보고는 아무도 안에 들어가지 않았을 것이니 수색할 필요가 없다며 동료들을 이끌고 돌아서 버렸다.

 자연 상태의 거미줄은 일부러 걷어내지 않는 한 비바람에도 잘 끊어지지 않는다. 그래서 동서고금을 막론하고 군대에서 적병을 추격할 땐 거미줄이 끊어진 것을 보면 적이 지나간 흔적이라 여겨 그 곳을 따라 추격을 하도록 훈련을 받는다. 그러니 그 병사 역시 사람이 굴에 들어갔다면 당연히 거미줄이 끊어져 있을 것이라 여겼던 것이다.

 거미 덕분에 구사일생으로 목숨을 건진 장수는 하찮은 거미를 다시 보게 되었다. 포기하지 않는 거미의 불굴의 정신에 목숨을 빚지고 큰 깨달음을 얻은 장수는 나중에 재기하여 큰 공을 세웠다고 한다.

 역사상 가장 위대한 농구 선수로 알려진 마이클 조던은 한 행사에서 실패를 두려워하지 말고 도전하라는 제목으로 다음과 같은 말을 했다고 한다.

 "내 농구 인생에서 9,000번 넘게 슛에 실패했고 300번 정도 게임에 졌다. 그 가운데 26번은 마지막 회심의 역전 슛이 실패해서 진 것이다. 이처럼 내 삶은 실패의 연속이었다. 바로 이것이 내가 성공한 이유다."

 그러나 어쩌면 가장 중요한 것은 바로 실패를 두려워하지 말고, 지속적으로 도전하는 습관을 들이도록 하는 것이다. 실패에 대한 두려움은 많은 가능성으로부터 우리를 차단시킨다.

 "포기는 두려움을 없애 주지만 희망도 함께 지운다"는 말처럼 실패에 대한 두려움으로 인한 포기는 당장의 공포를 없애 주기는 하지만 우리를 성취의 자리에서 멀어지게 한다.

 재능과 지식이 아무리 많아도 실행하지 않으면 아무런 가치가 없다. 어떤 사람이던 성공은 자신의 행동에서 비롯된다. 포기하지 않는 자제력을 키우는 5가지 방법은 다음과 같다.

첫째, 성공에서 가장 큰 적은 그것이 너무 순조롭게 느껴질 때이다. 늘 재미있고 쉬운 것을 선택하면 목표에 도달하기 어려울 것이다. 성공이 쉽다면 모두 성공할 것 아닌가? 하지만 모든 위대한 승리는 큰 희생을 요구한다. 목표를 달성하기 위한 방법은 간단하다. "명확한 비전, 확실한 계획, 그리고 실행" 하지만 대부분은 행동에서 막혀 버리는 경우가 많다. 쉽고 재미있는 것보다는 힘들더라도 꼭 필요하다고 느끼는 것을 해야 한다.

둘째, 모든 것은 자신에게 달려 있다. 자신의 건강과 멋진 몸과 행복은 다른 사람이 책임져 주지 않는다. 오직 자신만이 스스로 어떻게 시간을 보낼 것인지 선택할 수 있으며 일관된 기준으로 내린 결정은 삶을 변화시킬 것이다. 더 나은 삶을 원한다면, 더 나은 결정을 내려야한다.

셋째, 매일 목표를 직접 적어 본다. 자신이 목표를 위해 하는 노력이 힘들다고 느껴질 때면 왜 그 일을 하는지 되새길 필요가 있다. 독일의 위대한 철학자 프리드리히 빌헬름 니체는 "삶의 이유가 확실하면 그 어떤 시련도 견딜 수 있다"고 했다. 하지만 바쁜 생활을 반복하다 보면 그 이유를 잊을 때가있다. 이 문제를 해결하기 가장 쉬운 방법은 매일 목표를 다시 적고 미래를 상상하는 것이다. 그렇게 하면 자신이 해야 할 일을 분명히 알게 된다.

넷째, 하루하루를 충실히 산다. 사람들은 종종 미래에 어떤 마법 같은 사건을 통해 갑자기 삶이 바뀔 거라 생각한다. 오늘 하루를 충실히 살지 않으면서 대박을 바라는 것과 같다. 10년 후 자신의 모습이 궁금하다면 현재 자신의 삶을 살펴보면 된다. 매일 열심히 운동하고 있나? 무엇을 배우고 있나? 누구와 함께 시간을 보내고 있나?

다섯째, 포기하지 않을 거라고 미리 결정한다. 역경에 강하게 대처하기 위해서는 사전에 어떻게 대응할지 계획이 있어야 한다. 그렇지 않으면 포기하기가 너무 쉽다. 예를 들면 갑작스러운 약속으로 운동을 하지 못했다면 주말에 추가로 운동을 해야 한다. 오늘 하루 체육관에 가지 못했다면 집에 올 때 한 두 정거장 걸어보는 것도 미리 계획한 운동을 포기하지 않는 한 방법이다. 아무리 어려운 상황에서도 대응할 계획을 세울 필요가 있다. 그런 자신과의 약속을 깨뜨리지 않으면 당신은 어떤 목표라도 이룰 수 있다.

5.3 태국 동굴 소년들을 구한 건, 포기 말자는 정신

세계의 이목을 집중시켰던 태국 동굴 실종 소년들의 생존을 확인하고 구출한 것은 "포기하지 말자는 정신"이라고 했다. 이 동굴 조난 사고는 2018년 6월 23일, 태국 북부 치앙라이주의 탐루 앙낭논 동굴에서 유소년 축구 선수단과 코치가 조난되었다가 구조대와 국제사회의 도움으로 약 2주 만에 전격 구출된 사건이다.

조난된 소년들은 11세에서 17세 사이의 아이들로, 코치를 따라 관광 겸 동굴로 들어갔다가 폭우로 동굴에 물이 들어차면서 고립

되었다. 이들이 실종된 사실은 조난 몇 시간 뒤에 알려졌으며 즉시 구조작전이 시작되었다.

처음에는 조난된 아이들의 위치를 알아내기 위한 수색이 집중되었으나 깊숙하고 복잡한 동굴 구조와 지속적으로 차오르는 수면 탓에 일주일 간 별다른 성과를 보지 못했다. 조난 시간이 길어지면서 구조 지원도 대규모 작전으로 확대되었고, 전 세계 언론과 대중의 관심을 끌게 되면서 국제적인 자원봉사도 잇따랐다.

이후 조난 9일차 되던 7월 2일, 영국 다이버 팀이 비좁은 통로와 흙탕물을 뚫고 아이들이 고립된 곳까지 도달하는 데 성공, 아이들 역시 무사하다는 것을 확인하였다. 발견 당시 아이들은 동굴 입구에서 3.2km 떨어진 곳에 머물러 있었다.

아이들의 위치를 확인한 구조 대책본부는 아이들과 코치에게 다이버 기술을 전수하여 최대한 이른 시간 내에 탈출하거나, 우기가 끝나 동굴에 차오른 물이 거의 빠질 때까지 기다린다는 방안을 세웠다. 이후 동굴 내에 펌프를 설치해 물을 인공적으로 빼내는 작업을 진행하는 한편 비도 잠시 멎으면서 동굴 내 수위도 내려가자, 7월 8일 구조본부는 잠수부 팀을 투입해 12명의 아이들 중 네 명을 우선 구조하였다. 오는 11일에 최대 52mm의 폭우가 내린다는 예보가 있자 구조 팀은 그전에 모든 아이들을 구조하기로 결정하였고, 7월 10일 마침내 모든 아이들과 코치가 동굴에서 빠져나오게 되었다.

처음에는 굴속에 고립된 소년들의 생사를 확인하거나 구조하는 것이 거의 불가능한 것으로 생각되었다. 왜냐하면 칠흑 같은 어둠, 산소 부족, 가시성 제로, 진흙탕 물, 강한 급류, 알 수 없는 지형 그리고 단단한 틈새 때문이었다. 그러나 6월 23일부터 7월

2일까지 고립된 코치와 동굴소년들은 가지고 있던 소량의 과자를 서로 나누어 먹고 흙탕물 대신 동굴 석회암 천장에 고인 물을 마시면서 포기하지 않고 구조를 기다렸다고 한다. 뿐만 아니라 전 세계의 이목이 쏠렸던 태국 동굴 소년 구조 작전을 성공적으로 이끈 것도 13개 국에서 온 자원봉사자들이 포기하지 않고 희생한 덕택이었다고 한다.

5.4 절대 포기하지 말라

　최악의 상황에서 기적처럼 살아남은 태국 동굴 소년들의 이야기는 "꿈이 있으면 절대 포기하지 말라"는 영국의 위대한 정치가 윈스턴 처칠의 말에 동감하지 않을 수 없다. "You, never give up-절대 포기하지 마라." 옥스포드대학 졸업식에서 축사였던 이 한마디는 수많은 졸업생들의 환호를 받았다고 한다. 살아가면서 기억할 것은 단지 세 가지라는 것이다." 절대 포기하지 말자! 절대로 포기하면 안 된다! 절대로 절대로 절대로 포기하지 말지니라!" 그 후 대학공부나 직장생활에 실패하고 방황하던 자녀들에게 그들의 부모들은 윈스턴 처칠을 읊었다고 한다.
　영국의 총리를 지낸 윈스턴 처칠의 이야기는 다음과 같다. 2차 대전 당시 옥스퍼드대학에서 졸업식 축사를 하게 되었다. 그는 위엄 있는 차림으로 천천히 단상에 올라갔다. 청중들을 모두 숨을 죽이고 그의 입에서 나올 근사한 축사를 기대했다.
　처칠은 청중들을 천천히 둘러보며 힘 있는 목소리로 짧은 한 문장을 외쳤다. "포기하지 마십시오." 연설이 끝난 것을 알아차리지 못하는 청중에게 한참 뒤 그는 소리를 높여 다시 외쳤다. "절대로 포기하지 마십시오." 그래도 청중들은 다음 연설을 기다리자 "절대로 포기하지 마십시오"라고 외치곤 단상에 내려왔다. 그때야 청중들은 처칠에게 우레 같은 박수를 보냈다고 한다.

하지 못하는 것이 실패가 아니라 포기하는 것이 실패이다. 세상에 어느 사람도 힘들지 않은 삶은 없다. 그러나 끝까지 포기하지 않은 사람은 절망과 어려움을 희망과 용기로 바꾸고, '성공'이라는 두 글자를 가슴에 안게 되어 있다.

5.5 포기하지 말라에 대한 시

〈때로는 잘못되더라도〉
그대가 터벅대며
걷는 길이 오르막이더라도
지금은 부족하고 빚은 늘어나더라도
미소를 짓고 싶어도 한숨만 새어 나오더라도
근심이 그대를 짓누르더라도
그래 필요하다면 쉬어라
하지만 포기하지 마라.

우리 모두가 아는 것처럼
삶에는 우여곡절이 있는 법
수많은 실패가 성공으로 바뀌지 않던가?
성공의 기운이 엿보이면 그 기운을 꼭 잡으라

성공이 뒤 늦게 찾아온다고 포기하지 마라.

어느 날 불어온 바람이 그대에게 성공을 안겨줄 테니까
성공은 실패에서 태어나는 법
의혹의 그림자가 은빛으로 물들더라도
그대는 성공이 가까웠다고 말할 수 없으리라
저 멀리 있는 것처럼 보여도 가까이 있을 수 있을 테니까
그대에게 커다란 시련이 닥치더라도
싸움을 포기하지 마라
최악의 상태로 치닫더라도 절대 포기하지 마라.

- 작자 미상

제6장
아는 것이 힘이다
(Knowledge is power)

"공부할 때의 고통은 잠깐이지만 못 배운 고통은 평생이다."
- 〈하버드 도서관〉 명언 중

"공부가 인생의 전부는 아니다. 그러나 인생의 전부도 아닌 공부 하나도 정복하지 못한다면 과연 무슨 일을 할 수 있겠는가?"
- 〈하버드 도서관〉 명언 중

〈이 장의 차례〉
6.1 미국 명문대 부정입학 스캔들
6.2 미국 명문대 부정입학 스캔들의 두 가지 결과
6.3 공부의 비법
6.4 나는 꼴찌였다
6.5 노력은 배신하지 않는다
6.6 '아는 것이 힘이다'에 대 한시

6.1 미국 명문대 부정입학 스캔들

미 연방수사국(FBI)이 2019년 3월 12일, 미 명문대학에 자녀를 입학시키기 위해 입시 부정에 관여한 50여 명을 사기 공모, 돈세탁, 업무 방해 등의 혐의로 기소하면서 미국 명문대 입시 부정의 전모가 드러났다. 미국 사회는 이 입시 부정으로 큰 충격을 받았다. 연방 수사국 소장에 따르면 2011년부터 2018년까지 8년 동안 학부모들은 자신의 자녀를 유명대학에 입학시키기 위해 입시 컨설턴트 윌리엄 싱어에게 1인당 20만 달러에서 많게는 650만 달러까지 총 2,500만 달러를 건네 준 것으로 파악됐다. 특히, 이번 비리엔 할리우드 유명 연예인은 물론 부유층과 사회지도층들이 포함된 초대형 스캔들이 돼 눈길을 끌었다.

지금까지 미국 대학입시엔 학생들이 실력으로 합격하는 '앞문 입학'과 부모들이 해당 학교에 거액의 기부를 해 입학 확률을 높이는 '뒷문 입학'이 있었다. 싱어는 2018년 3월 12일 법정에서 "나는 '옆문'을 만들었다. 이는 입학을 보장하는 것이기에 학부모들에게 매우 매력적인 것이었다"고 말했다.

이들의 수법은 크게 두 가지였다. 첫째는 시험 감독관을 매수해 에스에이티(SAT)와 에이시티(ACT) 등 미 대입시험에서 대리시험을 치게 하거나 답안을 수정하는 방식이었다. 싱어는 이를 위해 고객들에게 입시를 앞둔 자녀들이 '학습 장애' 등의 질환을 앓고 있다는 의료 진단서를 받아 오게 했다. 그는 이 진단서를 근거로 학생들이 싱어가 매수한 시험 감독관이 배치된 휴스턴과 로스앤젤레스의 '특정 고사장'에서 따로 시험을 치를 수 있게 했다.

둘째 수법은 체육특기생 제도를 악용하는 것이었다. 싱어는 주요 대학의 체육 감독들을 매수해 고객의 자녀들을 체육특기생으로 입학시켰다. 싱어는 이 과정에서 경기 사진에 해당 학생들의 얼굴을 입히는 '포토샵 처리'까지 서슴지 않았다. 이렇게 명문대 입학에 성공한 학생들 중엔 해당 스포츠를 단 한 번도 해보지 않은 이들도 있었다. 학생들은 체육특기생으로 입학한 뒤엔 '부상을 당했다'는 등의 이유로 해당 스포츠부를 탈퇴했다.

6.2 미국 명문대 부정입학 스캔들의 두 가지 결과

우리는 위의 스캔들을 두 가지 측면 ― 꼬리가 길면 잡힌다와 정직과 진실만이 답이다 ― 에서 분석해 볼 필요가 있겠다.

첫째, 꼬리가 길면 잡힌다는 속담이 현실로 나타났다. 꼬리가 길면 잡힌다는 속담은 남의 눈을 피해 그릇된 일을 자꾸 하면 아무리 이를 감추려 해도 언젠가는 들통이 난다는 말이다. 미국에서 널리 알려진 유명인사들 ― 배우, 사업가와 변호사 등 ― 이 8년 동안이나 한 사람의 입시 브로커를 통해서 극비로 자녀부정입학을 추진했지만 결국 들통이 나고 말았다.

싱어를 비롯한 일당과 더불어 이 스캔들의 핵심일 부모들은 자신들이 무슨 짓을 저지르고 있는지 잘 알고 있었을 것이다. 그리고 언젠가는 걸릴 거라는 것도 알고 있었을 거라고 본다. 그럼에도 자식들을 명문대에 보내려 했던 욕망이 너무 큰 탓에 비리를 계속하다 그만 들통이 나고 말았다. 결국 이 사건에 연루돼 기소된 사람들의 대부분은 뇌물 혐의로 유죄 판결을 받았다. 뿐만 아니라 법원은 징역형의 유죄 판결을 받은 사람들에게 수만 달러에서 수십만 달러의 벌금과 수백 시간의 사회봉사를 하도록 선고했다. 이번 범행은 개별 코치들과 학부모들의 뇌물 수수에 대한 문제로 이 입시부정과 관련된 학생들은 수사 대상에 포함되지 않았다. 그러나 부정으로 입학한 학생들은 모두 자퇴하거나 아니면 학교당국의 처벌에 따라 학교를 떠나야 했다.

둘째, 결과적으로 미국 대학들은 엄격한 팩트 체크를 통해 사전 예방적인 과정으로 대응하기 시작했다. 우리는 이러한 예방적인 조치는 정직과 진실만이 답이라는 입장에서 볼 때 아주 적절한 조치였다고 생각하지 않을 수 없다. 이는 정보 검증 절차에 대한 대학별 입학사정관들의 언급이다. 각 학교에 따라 어느 정도 차이는 있지만 대개 다음과 같은 정책으로 부정입학을 단속하기 시작했다.

1) 강화된 사실 확인 절차를 시행한 이후, 지원서 검증 요청에 응하지 않은 학생들의 입학은 전부 취소되고 있다.
2) 스포츠와 예술 분야의 특별한 재능에 대한 주장은 더욱 엄격하고 다면적인 조사를 받는다.
3) 무관용 원칙을 취하고 있으며 허위정보를 제출하면 입학이 취소되거나, 재학생일 경우 퇴학 처리로 이어진다.
4) 검토 과정은 엄격하고 다면적이며 부정행위에 대한 모든 혐의에 대해 강력한 대응을 한다.

미국이든 한국이든 부정부패 문제는 새삼스러운 사안이 되지 않을 정도이다. 그럼에도 교육계의 비리는 사뭇 충격적이다. 사회가 교육계 비리에 유독 민감하게 반응하는 것은 교육이라는 특수한 분야에 대한 이해에서 기인한다고 볼 수 있다. 미성년 아이들을 책임지는 영역에서 법적, 도덕적 및 규범적 원칙에 어긋나는 관행은 도저히 묵과할 수 없다는 생각일 것이다.

아직도 미국이나 한국은 학벌 위주의 사회이기 때문에 입시부정과 성적 조작하기 등의 교육계 비리가 끊임없이 발생한다고 개탄하는 사람도 있다. 그러나 학력은 세계적으로 인재 평가의 기준이 된다. 여전히 첫 직장을 잡을 때부터 학벌은 무시할 수 없는 비중을 차지한다. 좋은 대학의 졸업장과 성적은 과거에 열심히 노력했다는 객관적인 증거다.

어느 국가를 막론하고 학력이 높을수록 실업률이 낮고 보수가 많은 것은 하나의 상식이다. 학벌이 성공의 전부는 아니지만 고용주들이 학력을 가장 중요한 기준으로 평가하기 때문에 좋은 학력을 갖추지 못하면 성공의 시작이 평탄치 못하기 마련이다. 따라서 대학생들은 '시작이 절반'이란 속담을 명심하고 학력과 학벌의 축적에 몰두하고 주력할 필요가 있다.

일반적으로 대학의 주요기능은 교육, 연구, 봉사로 집약된다. 특히 이러한 기능수행에 있어서 대학은 올바른 지식, 올바른 이념, 올바른 실천을 그 이상으로 삼고 있다. 대학은 미래의 지도자를 양성하는 교육기관이란 점에서 그 어느 사회단체보다 최고의 도덕성을 요구받는 인격 도야의 장이다. 특히 교육은 궁극적으로 한 사람의 인격을 형성하는데 그 근본 목적이 있기에 대학에서 도덕성은 모든 교육의 근간이며 관습과 법처럼 중시되어야 하는 규범이기도 하다. 따라서 대학생들도 철저한 자기 건강관리와 지식 획득 외에 학교 당국의 바른 인성교육 프로그램과 사회봉사활동에 적극 참여할 필요가 있다. 그러나 아무리 건강하고 학식이 풍부한 사람이라도 덕망이 없으면 사회적으로 존경을 받지 못하기에 미래 사회를 위한 훌륭한 지도자가 될 가능성은 희박해질 것이다.

　대학에서 얻을 수 있는 또 하나의 진정한 가치는 대학 캠퍼스에서 만난 친구들과 친밀한 인간관계를 형성하는 것이다. 결국 대학에서 얻을 수 있는 관계성의 회복이란 인맥을 뜻한다. 높은 학력과 뛰어난 직업 윤리만으로 좋은 직장을 얻고 고속 승진을 한다고 확신할 수는 없다. 우리의 삶에 있어 필연적인 세 가지의 만남을 혹자는 '스승, 책, 우정'이라고 언급했다. 폭넓고 다양한 인맥은 일생을 통해서 구축할 수도 있지만, 대학의 캠퍼스나 기숙사 그리고 강의실에서 서로 의견을 허물없이 자유롭게 소통하며 이해관계 없이 우정을 확인한 인맥은 순수하고 변치 않는다. 그 같은 연고로 뛰어난 노동자가 되고 또 여기에 인맥이 있으면 꿈의 성공은 훨씬 쉬워진다는 것도 한 번쯤 기억에 담아 두어야 한다.

　인맥은 불확실한 미래에 대한 보험과 같아서 전문지식을 쌓기 위해 책상에 앉아서 공부하는 것만큼이나 중요하다. '미국독립선언문'을 기초한 벤저민 프랭클린은 이 세상에 교육보다 더 중요한 투자는 없다고 했다. 대학교육은 성장, 기회와 일자리의 발판이다. 또한, 교육은 헌신적이고 경쟁력 있는 인력을 보장하는 수단이다. 좀 더 구체적으로 얘기하면 대학 학위가 중요한 이유는 경험, 채용정보, 기술, 승진의 발판, 일반정보, 가족의 긍지, 친구, 희망, 경쟁 및 개인 만족 등 성공에 필요한 10가지 요소를 제공하기 때문이다.

　많은 이들이 신체 건강에는 민감하게 반응하지만, 뇌 건강에 대해서는 유독 둔하다. 뇌 건강의 이상을 발견하더라도 어떻게 관리를 해야 하는지를 몰라 방관하기 일쑤다. 뇌가 건강하면 건

망증이나 치매, 뇌졸중 등의 질병을 예방할 수 있다. 뿐만 아니라 뇌가 건강하면 뇌의 기억력이 좋아지기 때문에 학습의 효과도 좋아지게 마련이다. 뇌를 건강하게 만드는 10가지 습관은 다음과 같다.

  1) 연결시켜 기억하라.
  2) 양손을 사용하라.
  3) 잠자기 전에 공부하라.
  4) 외우지 말고 이해하라.
  5) 오래 사귈수록 나쁜 게 TV다.
  6) 일상적인 것에 반대하라.
  7) 여행하라.
  8) 새로운 것을 먹어라.
  9) 도전하고 배워라.
  10) 남을 따라 하지 말라.

6.3 공부의 비법

공부를 잘했으면 좋겠다는 생각은 학생이나 학부모 모두 같다. 그러나 현실은 다르다. 특별히 열심히 하는 것 같지 않은 학생이 성적은 우수하고, 온종일 책상에 앉아 있는 학생이 성적은 제자리걸음인 경우가 많다. 부모의 반 강요로 의욕 없이 온종일 책상에 앉아 봐야 성적이 올라갈 턱이 없다. 공부 의욕이 강하면 특별히 열심히 하지 않아도 성적은 올라가게 되어 있다. 미래를 꿈꾸고 공부를 하고 기술을 익혀 스티브 잡스나 빌 게이츠같이 성공한 사람이 되려면 반드시 필요한 단계가 있다. 바로 의욕이다. 의욕에 대해서는 생각지 않고 시험 결과나 성적만 걱정해서는 안 된다. 그것이 공부든 직장이든 아니면 사업장이든 의욕과 열정을 가지고 하려면 꿈이 있어야 한다. 공부하다 포기하고 싶으면 나의 장래를 위해 희생한 사랑하는 사람을 생각하면 된다. 공부는 시간이 부족한 것이 아니라 의욕과 노력이 부족한 것이다.

다시 강조하지만 학생이 스스로 공부할 의욕을 갖게 하려면 우선 꿈이 있어야 한다. 사회생활을 하다 보면 동기 부여라는 말을 자주 듣게 된다. 동기 부여란 우리의 의욕을 북돋워 행동에 나서게 하는 것을 말한다. 하지만 어떤 일을 하기 위해서는 행동과 실천이 필요하다는 것을 알면서도 도무지 의욕이 나지 않을 때가 있다. 이럴 때는 꿈을 떠올림으로 의욕을 북돋울 수가 있다.

다음 얘기는 '개천에서 용이 난다'는 속담을 상기시킨다. 주어진 환경이나 조건이 매우 열악한 사람이 보통 사람들이 생각하기에 불가능한 업적을 이루거나 매우 높은 지위에 올라 성공하는 경우를 이르는 속담이다.

개천에서 용이 난다는 말은 행운을 맞아 갑자기 지위가 상승한 사례와는 경우가 다르다. 물론 어느 정도 운이 따라야 개천에서 용이 난다는 말은 맞다. 어디까지나 어려운 조건 속에서도 엄청난 노력으로 자수성가했다는 것이 전제가 되기에 100% 행운으로 성공한 경우는 이 속담에 해당되지 않는다. 이런 속담에 해당하는 인물들은 동서고금 할 것 없이 성공하기에 매우 어려운 조건임에도 불구하고 뛰어난 머리와 보통 사람의 것을 뛰어넘는 끝없는 노력으로 멋지게 성공하여 주위의 인정을 받는다. 주로 가난하여 교육을 제대로 받을 수 없었던 인물들이 스스로 열심히 독학하여 결국에 성공하는 경우에 이 속담이 쓰인다. 다시 말해 일류 학교나 일류 학원에 가서 공부를 하지 않아도 공부 의욕만 있으면 시골 학교 학생들도 보통 사람들이 생각하기에 불가능한 높은 성적을 낼 수 있다는 것이다.

2018년 11월 20일 한 일간지는 "농사일 바쁜 부모 대신 아이 돌본 시골 학교, 또 만점자 배출"이라는 제목으로 전남 장성고등학교 학생들의 공부비법을 공개했다. 전남 장성고 3학년 A군은 2019학년도 대학수학능력시험이 끝난 11월 15일 밤 오랜만에 집에 갔다. 집이 도내에 있지만 그동안 학교 기숙사에서 지냈다. 유독 어려웠던 수능이어서 크게 기대하지 않았던 A군은 채점을 마친 뒤 떨리는 손으로 담임 양창열 교사에게 문자메시지를 보냈다. "선생님, 저 다 맞은 것 같아요." 시골 학교인 장성고에서 수능 만점자가 나왔다. 1985년 개교한 장성고는 5년 만에 두 번째 수능 만점자를 배출한 셈이다. 특목고나 자사고가 아닌 농촌 지역 일반고가 수능 만점자를 두 번 배출한 건 이례적이다.

비결을 묻자 김백진 교감은 "시골에 위치해 학생들이 학원을 가거나 과외 받는 게 힘들다"며 "전원 기숙사에서 공부하는 게 전부다"라고 했다. 새벽부터 논밭에서 일하는 부모들도 학교에 자녀를 믿고 맡긴다. 한형수 교장은 "이 지역은 도시와 달리 학생들이 학교에서 늦게까지 공부하고 돌아갈 때까지 기다리고 챙겨줄 형편이 못 된다"며 "교사들이 모두 부모의 마음으로 돌봐주고 있다"고 말했다.

시골 학교의 노력은 조금씩 결실을 맺고 있다. 장성고는 2011학년도 수능 성적 표준점수가 군에서 1위를 차지했다. 당시 장성군에는 일반고가 장성고 밖에 없었다. 전국 1등이라는 실적은 장성고 혼자 만든 셈이다. 덕분에 비평준화인 장성고 입학생의 절반은 해남, 순천, 목포, 여수 등 장성 지역 밖에서 온다. 김 교감은 "최상위권 학생은 특목고나 자사고, 도심의 학교로 진학하고 그 외 학생들이 우리 학교에 오지만 열심히 공부해서 뛰어난 성과를 내고 있다"고 말했다. A군 역시 입학 당시 성적은 140등 정도였지만 꾸준히 성적이 올랐고, 결국 수능 만점이라는 기록을 세웠다.

A군을 포함한 장성고 학생 560명 중 95%는 기숙사에서 생활한다. 3학년생들은 매월 마지막 주 토요일에 집에 갔다가 일요일 저녁에 돌아온다. 김 교감은 "부모들이 대부분 농사를 짓고 있어 바쁘다"며 학교가 다 돌봐 주니 학생들이 대부분 기숙사로 들어온다고 말했다. 학생 수요가 많아 2동뿐이었던 기숙사가 이젠 4동으로 늘어났다. "돈 없어서 공부 못한다는 얘기 듣고 싶지 않다"는 설립자인 의사 반상진 씨의 뜻에 따라 기숙사비는 식비를 포함해 한 달에 21만 원만 내면 된다.

학교 공부가 전부인 학생들을 위해 교사들은 학원 못지않은 수업을 준비했다. 방과후 학생들이 요구하는 대로 단원이나 분야별 수업을 개설했다. 미분반, 확률반처럼 학생이 어려워하는 분야를 심화 학습할 수 있도록 여러 개 반을 만들어 수업을 들을 수 있도록 했다. 국어는 시문학반, 소설반, 비문학반 등을 만들고, 영어는 빈칸 추론 문제를 푸는 '빈칸 채우기반'까지 있다. 한황수 교장은 "학생들이 평일에 두 시간씩 자기에게 부족한 부분을 학원 수업처럼 들을 수 있게 하고 있다"고 말했다.

6.4 나는 꼴찌였다

어느 대학교수의 가슴 뭉클한 고백이 트위터에 화제가 되었다. 화제의 주인공 교수는 중학교 1학년 때 전교에서 꼴찌를 했는데 성적표를 1등으로 위조해 아버지께 갔다 드렸다. 이후 그 학생은 너무 죄스러운 마음에 이를 악물고 공부를 해 17년 후 대학교수가 되었고 유명한 대학의 총장까지 하게 되었다. 다음은 그 교수가 고백한 이야기이다.

"나의 고향은 경남 산청이다. 지금도 비교적 가난한 곳이다. 그러나 아버지는 가정 형편도 안 되고 머리도 안 되는 나를 대구로 유학을 보냈다. 대구 중학을 다녔는데 공부가 하기 싫었다.

1학년 8반, 석차는 68/68, 꼴찌를 했다. 부끄러운 성적표를 가지고 고향을 가는 어린 마음에도 그 성적을 내밀 자신이 없었다. 당신이 교육을 받지 못한 한을 자식을 통해 풀고자 했는데 꼴찌라니 끼니를 제대로 잇지 못하는 소작농을 하면서도 아들을 중학교에 보낼 생각을 한 아버지를 떠올리면 그냥 있을 수가 없었다. 그래서 잉크로 기록된 성적표를 1/68로 고쳐 아버지께 보여 드렸다. 아버지는 보통학교도 다니지 않았음으로 내가 1등으로 고친 성적표를 알아차리지 못할 것으로 생각했다.

대구로 유학한 아들이 돌아왔으니 친지들이 몰려와 "찬석이 공부는 잘했더나?"라고 물었다. 아버지는 "앞으로 봐야 제… 이번에는 어쩌다 1등을 했는가 뵈…"라고 했다. "명순(아버지)이는 자식 하나는 잘 뒀어. 1등을 했으면 책거리를 해야 제"했다. 당시 우리집은 동네에서 가장 가난한 살림이었다. 이튿날 강에서 멱을 감고 돌아오니, 아버지는 한 마리뿐인 돼지를 잡아 동네 사람들을 모아

놓고 잔치를 하고 있었다. 그 돼지는 우리집 재산 목록 1호였다. 기가 막힌 일이 벌어진 것이다. 다음날 "아부지…"하고 불렀지만 다음 말을 할 수가 없었다. 그리고 달려 나갔다. 그 뒤로 나를 부르는 소리가 들렸다. 겁이 난 나는 강으로 가 죽어 버리고 싶은 마음에 물속에서 숨을 안 쉬고 버티기도 했고, 주먹으로 내 머리를 내리 치기도 했다. 충격적인 그 사건 이후 나는 달라졌다. 항상 그 일이 머리에 맴 돌고 있었기 때문이다.

그로부터 17년 후 나는 대학교수가 되었다. 그리고 나의 아들이 중학교에 입학했을 때 그러니까 내 나이 45세가 되던 어느 날 부모님 앞에 33년 전의 일을 사죄하기 위해 "어부이… 저 중학교 1학년 때 1등은요…"하고 말을 시작하려고 하는데. 옆에서 담배를 피우시던 아버지께서 "알고 있었다. 그만해라. 민우(손자)가 듣는다"고 하셨다. 자식의 위조한 성적을 알고도, 재산 목록 1호인 돼지를 잡아 잔치를 하신 부모님 마음을 박사이고 교수이고 대학 총장인 나는 아직도 감히 알 수가 없다.

6.5 노력은 배신하지 않는다

세계적인 심리학자 안데르스 에릭슨은 그의 논문 〈1만 시간의 재발견〉에서 자기 분야에서 최정상에 오른 사람들을 연구하여 그들의 놀라운 성공 뒤에는 타고난 재능이 아닌 아주 오랜 기간의 노력이 있었다는 사실을 발견했다. 그는 "노력은 배신하지 않는다"는 말을 두 가지 면에서 분석했다.

첫째, 천재는 1%의 영감과 99%의 노력으로 이루어진다. 이 명언들은 재능을 내 것으로 만들기 위해서는 노력이 필수적이라는 것을 강조하고 있다. 그러나 본인이 생각하는 한도 내에서 최선을 다하는 것이 전부는 아니다. 어떤 사람이 100이라는 노력을 했을 때 다른 사람은 120의 노력을 했다고 가정해 보자. 결론적으로는 둘 다 최선의 노력을 했지만 결국 더욱 결과를 이루어 내는 사람은 100의 사람보다 20을 더 노력한 사람일 것이다.

둘째, 그는 성공에 있어서 노력의 양도 중요하지만 그보다 중요한 것은 질이라고 했다. 〈1만 시간의 재발견〉이라는 논문은 '1만 시간의 법칙'이라는 이름을 통해 말콤 글래드웰의 저서 〈아웃라이어〉에 인용되며 한국에 소개되었고, 폭발적인 반응을 보였다. 1만 시간의 법칙이 한국 독자들에게 사랑을 받은 이유는 '무조건 열심히 하면 된다'라는 식의 생각이 자리 잡고 있었기 때문일 것이다.

그러나 사람은 기계가 아니기 때문에 책상에 오래 앉아 있는다고 1등이 되는 것이 아닌 것처럼 1만 시간의 법칙의 핵심은 얼마나 오래가 아니라 얼마나 올바른 방법인지에 달려있다고 강조한다. 열심히 하는 것도 중요하지만 무턱대고 오랜 시간을 열심히 하는 것이 아닌, 다르게 열심히 하기가 더 중요한 것이다.

시간만큼 중요한 것은 그 시간을 보내는 방법과 질이다. 저자가 말하는 노력의 올바른 방법은 집중, 피드백, 수정하기로 요약되는 의식적인 연습이다. 책은 의식적인 연습이 구체적으로 무엇인지, 정상에 오른 사람들이 보낸 시간에는 어떤 차이가 있는지, 어떻게 해야 이런 연습을 통해 우리의 능력을 더 발전시키고 최고의 자리에 오를 수 있는지 지난 30년간의 과학 연구를 토대로 상세히 알려 준다.

6.6 '아는 것이 힘이다'에 대한 시

〈우리는 개천에서 태어난 아이들〉
우리는 각자 개천에서 태어나
'부모를 일찍 여읜 소년소녀 가장,
부모에게 버림을 받은 고아,
배가 고파도 밥할 능력이 모자란
가난한 부모의 아이들이다.'
말 못할 마음의 깊은 상처 때문에
눈물샘이 막혀 울지도 못하지만 칠흑 같은 어둠속에서
우리는 빛의 등대를 기다린다.
우리는 동정과 구호물자보다는
정부, 자선단체와 대 기업들이 개천을 넓은 바다로 만들어
모두의 출발점이 똑 같게 해 주길 소망할 뿐이다.
비록 로마로 가는 데는 왕도가 없고
'인내는 쓰나 그 열매 달다'는 것을 알기에
공부 의욕이 활활 타는 불꽃 같으니
능력에 따라 공부할 기회를 주면
우리는 크고 작은 용이 될 것을 약속하겠다.
남들이 앉아 있을 때 우리는 걷고
그들이 걸으면 우리는 뛰어
아, 숨 가쁜 역주(力走) 뒤에
크고 작은 용이 될 것을 확신한다.
왜냐하면 노력은 결코 배신하지 않는 것을 알기 때문이다.

– 김석희

제7장
한 가지 일에 집중하기

"선택과 집중이라는 말이 있다. 어떤 일이든지 자신이 할 수 있는 일을 선택한 후에는 집중해서 전력투구하라는 말이다."
- 〈작자 미상〉

"사람이 자기 마음으로 자기의 길을 개척할 지라도 그의 길을 인도하시는 이는 여호와시니라."
- 〈잠언 16:9〉

〈이 장의 차례〉
7.1 세 남자를 쫓다 다 놓쳐 버린 소녀
7.2 한 가지 일에 집중해야 하는 이유
7.3 컴퓨터에 집중해 컴퓨터 황제가 된 빌 게이츠
7.4 자선사업에 집중해 자선사업 황제가 된 빌 게이츠
7.5 진로 선택은 빠를수록 좋다
7.6 한 가지 일 집중에 대한 시

7.1 세 남자를 쫓다 다 놓쳐 버린 소녀

중세기 로마의 성밖에 사는 한 소녀에게 3명의 젊은 남자로부터 청혼이 들어왔다.

첫째 사람은 곧 왕위를 이어받을 어느 나라의 황태자였다.

둘째 사람은 근육질에 미남형으로 당시 여성들에게 인기 있는 기사였다.

셋째 사람은 돈 많은 상인의 아들이었다.

이 소녀는 세 사람들로부터 각각 가보인 왕관, 검(칼), 금괴를 선물로 받았다. 소녀는 세 사람 모두 마음에 들었다. 권력도 좋고, 외모도 좋고, 돈도 좋았던 것이다.

행복한 고민에 빠진 소녀는 쉽게 선택하지 못하고 망설이다가 시간만 끌게 되었다. 기다리다 기다리다 지친 청혼자들은 모두 화를 내며 떠나갔다. 자존심이 상할 만도 하다. 세상은 넓고 여자는 많은데 능력 있는 남자들이 뭐가 아쉬워서 기다리겠는가?

결국 모두 다 놓쳐 버린 소녀는 병을 앓다가 죽게 되었다. 그리고 소녀의 무덤에서 꽃이 한 송이 피어났다. 그 꽃의 봉오리는 황태자가 물려받을 왕관을, 꽃잎은 기사의 칼을, 그리고 뿌리는 상인의 아들이 물려받을 금괴를 닮았다고 한다. 그 꽃이 바로 튤립이다.

비유를 위해 꾸며낸 이 얘기는 튤립이 된 소녀의 비극은 다름 아닌 '선택과 포기'를 제대로 하지 못했기 때문이라는 것을 잘 설명하고 있다. 성공을 하려면 포기할 것은 과감히 포기하고, 중요한 것은 놓지 않고 선택할 수 있는 지혜가 있어야 한다. 어느 대학교를 가야 할지, 누구와 결혼을 해야 될지 등 뭐든지 선택해야 한다. 그야말로 인생은 선택의 연속인 것이다. 선택은 미래를 좌우한다. 현재 모습은 과거에 선택했던 결과이다. 다시 말하면 선택은 순간이지만 결과는 영원이다.

7.2 한 가지 일에 집중해야 하는 이유

말콤 글래드웰의 저서 〈아웃라이어(Outlier)〉에 1만 시간의 법칙이란 말이 나온다. 한 가지 일에 큰 성과를 이루기 위해서는 1만 시간의 학습과 경험을 통한 사전 준비 또는 훈련이 이루어져야 한다는 말이다.

1만 시간을 하루에 평균 3시간, 1주일에 20시간씩 한다면 10년이라는 기간이 걸린다. 우리가 흔히 얘기하는 천재들인 아인슈타인이나 피카소 같이 위대한 업적을 남긴 사람들의 공통점은 한 가지 일에 최소 10년간의 집중적인 투자가 있은 후에 비약적인 성장을 가져왔다고 한다.

이 법칙의 요점은 여러 가지 일을 동시에 해서 결국 어느 것 하나 제대로 끝내지 못하는 것보다 한 가지 일을 완료해서 해냈다는 자신감을 갖는 게 낫다는 것이다.

우리의 뇌가 다중 업무 수행에 적합하지 않고 실제로는 한 가지일밖에 수행하지 못한다고 한다. 따라서 한 번에 다중 업무 수행을 하면 단 한 가지 일도 제대로 끝내지 못하고 다른 일로 전환될 뿐만 아니라 우리의 뇌를 다치게 한다. 우리의 뇌는 한 번에 한 가지 일에만 집중하도록 설계되어 있기 때문에 사람들이 많은 정보를 뇌에 보내는 것은 우리의 뇌를 느리게 만든다. 더구나 한

번에 여러 가지 일을 동시에 수행하면 우리의 업무의 질과 효율성을 낮아진다는 사실도 명심해야 된다.

과수원에서 매년 가지치기를 한다. 그것은 좋은 열매를 맺기 위해서다. 우리의 삶도 역시 수시로 가지치기를 해 줄 필요가 있다. 가지치기를 잘해야 집중할 수 있고, 집중해야 열매를 맺을 수 있기 때문이다.

혹시 자신이 열매 맺는 삶을 못살고 있다고 생각된다면 가지가 너무 많은 것은 아닌지 잘 살펴볼 필요가 있다. 먼저 자신의 인생에서 무엇이 가장 중요한 가를 파악해야 한다. 그리고 그 외의 것은 과감히 가지를 침으로 삶을 단순하게 만들 필요가 있다.

그 다음에 그것에 10년간의 집중적인 투자를 하면 큰 업적이 따르게 되어 있다. 다음에 13세 때부터 컴퓨터 연구에만 집중해서 컴퓨터 황제가 되었고, 46세 때 자선사업에만 집중해서 자선사업가 황제가 된 빌 게이츠의 삶을 살펴보기로 한다.

7.3 컴퓨터에 집중해 컴퓨터 황제가 된 빌 게이츠

빌 게이츠는 1955년 10월 28일에 워싱턴주 시애틀에서 아버지 윌리엄 게이츠와 어머니 매리 게이츠의 아들로 태어났다.

그의 부모는 영국계 미국인이자 독일계 미국인이며, 스코틀랜드계 아일랜드 이민자였다. 그의 가정은 상 중류층으로 아버지는 저명한 변호사였으며 어머니는 교사였다고 한다. 또한 빌 게이츠가 어렸을 때, 그의 부모는 그가 법조계에서 일하게 되기를 바랐다.

미국의 서부를 남북으로 가로지르는 5번 프리웨이를 타고 시애틀 시내에서 북쪽으로 10여분을 달리면 숲속에 자리 잡은 '레이크 사이드'라는 학교를 발견할 수 있다. 레이크사이드 학교는 시애틀의 명문 사립 중고등학교 중의 하나다. 학교 입구에는 '앨런 엔드 게이츠' 관이라는 2층 건물이 자리 잡고 있다. 이 학교 졸업생으로 세계 최대의 소프트웨어 회사인 마이크로소프트(MS)를 창업한 폴 앨런과 빌 게이츠를 기념하기 위한 건물이다. 지금은 학생들의 과학 실험실로 쓰이고 있다.

빌 게이츠가 레이크사이드 학교에 입학하게 된 데는 부모의 배려가 배어 있다. 빌 게이츠는 집 근처의 '뷰 리지'라는 공립 초등학교를 다녔다. 그런데 당시 공립학교에선 성적이 좋은 남자아이는 남자아이들 그룹에 끼지 못하고 소위 '왕따'를 당하는 분위기였다고 한다.

공부를 열심히 해서 좋은 성적을 내는 것은 여자아이들의 몫이라는 생각이 남자아이들 사이에 퍼져 있었기 때문이었다. 그래서 왕따를 피하고자 빌 게이츠는 자기가 좋아하는 수학과 과학만 열심히 공부해서 A를 받았고, 나머지 과목은 일부러 공부를 하지 않아 C와 D를 받았다.

빌 게이츠의 부모는 아들의 문제를 해결하기 위해 정신과 의사를 찾았다. 정신과 의사는 아이를 주변 환경에 맞추려고 하기보다는 아이에 맞춰 주변 환경에 변화를 주라고 충고했다. 그래서 빌 게이츠의 부모가 찾은 게 명문 사립학교였다.

레이크사이드는 남학생만 다녔고, 레이크사이드에서 멍청하다고 불리는 아이도 다른 학교 기준에서 볼 때는 똑똑하다는 평가를 받을 정도로 뛰어난 학생들만 모이는 곳이었다. 적절한 경쟁에 노출되자 빌 게이츠는 숨겨진 능력을 발휘하기 시작했다.

중학교 3학년 때는 학교에 둔 교과서를 집에 가져와서 공부하지 않더라도 모든 과목에서 A를 받겠다고 결심하고는 정말 모든 과목에서 A를 받았다. 전국수학경시대회의 상위권을 휩쓸고, 고등학교 때는 워싱턴 대학의 정규 수학 강의를 들으면서 대학생들과 경쟁해서 학점을 딸 정도였다.

빌 게이츠는 경쟁을 즐겼을 뿐만 아니라 성취감도 맛볼 수 있었다. 빌 게이츠의 부모는 아들을 적절한 경쟁에 노출시킴으로써 세계 최고 갑부가 되는 초석인 경쟁의 가치가 무엇인지 알려줬던 것이다.

빌 게이츠는 13세 때 상류층 사립학교인 레이크사이드 스쿨에 입학했다. 8학년이 되었을 때, 학교 어머니회는 자선 바자회에서의 수익금을 제너럴 일렉트릭(GE) 컴퓨터의 사용 시간을 구매하는 데 사용하기로 결정하였다. 게이츠는 이 GE 시스템에서 베이직(BASIC)으로 프로그래밍 하는 것에 흥미를 갖게 되었으며, 이에 프로그래밍을 더 연습하기 위해 수학수업을 면제받기도 했다.

그는 이 시스템에서 동작하는 틱택토(Tic Tac Toe) 게임을 만들었는데, 이는 그가 만든 최초의 프로그램으로 사람이 컴퓨터를 상대로 플레이할 수 있게 되어 있었다. 또한 다른 게임인 달 착륙 게임을 만들기도 하였다. 그는 입력된 코드를 언제나 완벽하게 수행하는 이 기계에 매료되었다.

게이츠가 훗날 회고한 바에 따르면 당시의 기억에 대해 그는 그때 그 기계는 나에게 정말 굉장한 것이었다라고 말했다. 어머니회의 기부금이 바닥나자, 게이츠와 몇몇 학생들은 DEC의 미니컴퓨터의 사용 시간을 샀다. 이 시스템 중 일부는 PDP-10이라는 것으로 컴퓨터 센터 코퍼레이션(CCC)에서 생산된 것이었는데, 훗날 게이츠를 포함한 네 명의 레이크사이드 학교 학생(빌 게이츠, 폴 앨런, 릭 와일랜드, 켄트 에번스)은 이 시스템의 운영 체제가 가진 버그를 이용해 공짜로 컴퓨터를 사용한 것이 발각되어 이 회사로부터 사용을 금지 당하기도 했다.

고등학교 졸업 후 하버드 대학교에 진학하여 응용수학을 전공했으나 재학중 1975년 폴 앨런과 함께 마이크로소프트를 설립하고 학업을 중단했다.

당시에 그는 사업이 안 풀리면 학교로 돌아갈 예정이었으나 마이크로소프트의 성공으로 그럴 일은 없었다. 그래서 빌 게이츠는 컴퓨터의 황제로 불리고 있다.

그와 그의 부친이 말했듯이 게이츠는 힘이 센 강자도 아니고 그렇다고 두뇌가 뛰어난 천재도 아니었다. 컴퓨터에 남다른 호기심과 큰 꿈이 그를 날마다 새롭게 변화시켰다. 그것이 놀라운 그의 성공의 비결이다.

여기서 유념할 바는 변화(Change)의 g를 c로 바꾸면 기회(chance)가 된다는 점이다. 따라서 변화 안에는 반드시 기회가 숨어 있다는 사실을 명심할 필요가 있다.

빌 게이츠는 어릴 때부터 컴퓨터 프로그램을 좋아했다. 그는 하버드 대학을 다니다 중퇴하고 폴 앨런과 함께 마이크로소프트를 설립하려고 했을 때 그의 부모는 반대했다고 한다.

대학을 졸업하고 사업을 시작하라는 부모의 권고에 부닥친 게이츠는 대학은 언제나 졸업할 수 있지만 내 사업은 지금 시작하지 않으면 영원히 이런 기회는 다시 오지 않는다는 주장으로 부모를 설득했다.

자퇴할 때 그의 부모는 사업이 녹록지 않다는 것을 깨닫고 1~2년 뒤에 복학해서 졸업하겠거니 하고 넘어갔다고 한다. 그리고 어차피 1년만 더 있으면 졸업이 가능했기 때문에 크게 말리지도 않았던 것 같다.

대학공부를 포기하고 20대 나이에 세계를 이끌어 가는 기업을 일궈 낸 사람은 빌 게이츠 외에 애플의 아이폰을 만든 고 스티브 잡스와 수억 명의 사용자를 거느린 페이스북 창업자 마크 주커버그도 있다.

빌 게이츠는 20세에 마이크로소프트 세웠고 스티브 잡스는 21세에 애플 컴퓨터를 만들었고 마이크 주커버그는 20세 때부터 페이스북을 경영했다.

1975년 4월 4일 폴 앨런과 빌 게이츠는 베이직 인터프리터를 개발하여 판매하기 위해 미 뉴멕시코주 앨버커키에 마이크로소프트(Micro-soft)라는 이름으로 이 회사를 설립하였다. 그들은 회사 설립 직후에 그때까지 상업적인 성공을 거둔 최초의 개인용 컴퓨터를 고안했다. 그들은 쉬운 컴퓨터 프로그래밍 언어를 개발했고, 이를 활용한 마이크로소프트는 1990년대 개인용 컴퓨터 소프트웨어 시장의 주도권을 기적처럼 얻게 되었다. 이후 개인 컴퓨터를 위한 운영체제인 윈도 95를 발표하여 대성공을 거두며 게이츠는 명예스럽게도 세계 최고의 부호로 등극했다.

7.4 자선사업에 집중해 자선사업 황제가 된 빌 게이츠

빌 게이츠는 46세가 되던 2001년 1월에 마이크로소프트의 최고경영자 직책에서 물러났으며 2008년 6월 27일에 그는 마이크로소프트에서 완전히 퇴임하였다.

그 이후에 게이츠는 그가 2001년에 만든 '빌-멜인다 게이츠 재단'의 운영에 전념하고 있다. 재단의 막대한 재정 규모와 적절한 기부처를 찾는 앞선 경영기법 때문에 이 재단은 전 세계 자선단체 중에서도 가장 선도적인 단체로 검증을 받았다. 이 재단을 설립한 게이츠 부부는 2007년 미국에서 가장 훌륭한 자선사업가 50인 중에 두 번째로 선정되기도 하였다.

마이크로소프트 창업자 빌 게이츠가 물을 마시는 모습이 최근 화제가 됐다. 유리잔에 담긴 이 물은 사람의 배설물을 끓여서 만든 것이다. 배설물을 끓일 때 나오는 수증기를 정화(淨化)해 식수로 만들고, 나머지 찌꺼기는 태워서 전기를 만든다. 이 처리 장치는 '재니키바이오에너지'라는 미국 회사가 개발했다.

게이츠와 부인이 설립한 '빌 앤도 밀린다 게이츠 재단'은 이 기기로 저개발 국가에 식수와 전기를 공급하는 프로젝트를 지원하고 있다. 게이츠는 이 외에도 전 세계의 의료, 교육 등 문제를 해결하기 위해 적극적으로 나서고 있다. 에이즈 예방을 위해 차세대 콘돔 개발을 지원하고 있고, 10억 명에 달하는 '정보 빈민(information poor)'들을 위해 전 세계 공공 도서관 32만 곳을 지원하는 사업도 하고 있다.

세계 최고 부자로 불리던 빌 게이츠는 이제 세계 최고 자선가라는 수식어가 더 익숙한 사람이 됐다. 그를 이렇게 자선가로 변모 시킨 세 사람은 아버지와 아내 그리고 미국의 1세대 부호들이라고 한다.

돈 아닌 가치관을 물려준 아버지-빌 게이츠는 자선사업에 관심을 갖게 된 중요한 이정표로 1993년에 읽었던 한 보고서를 꼽는다. 이 보고서의 그래프에는 로타 바이러스로 한 해 어린이 50만 명이 사망한다는 사실이 나타나 있었다. 게이츠는 비행기 사고로 100명이 사망해도 모든 언론이 대서특필하는데, 50만 명이 사망하는 질병에 대해서 아무도 관심을 가지지 않는다는 사실에 충격을 받았다.

본격적인 기부 활동에 나서면서 빌 게이츠는 아버지 윌리엄 H. 게이츠의 도움을 구했다. 1994년에 자선단체 '윌리엄 H. 게이츠 재단'을 설립한 아버지가 기부 활동에 있어서는 선배이기도 했기 때문이다. 아버지가 설립한 재단은 6년 후인 2000년에 게이츠 교육 재단과 합쳐져서 '빌 앤드 멜린다 게이츠 재단'으로 통합되었다. 윌리엄 게이츠는 현재 이 재단의 공동 이사장직을 맡고 있다. 윌리엄 게이츠는 돈에 대한 아들의 가치관에도 영향을 준 것으로 보인다. 윌리엄 게이츠는 부유한 변호사였지만, 돈을 그냥 물려주면 자식을 망친다는 생각으로 빌 게이츠에게 창업 자금을 주지 않았다. 빌 게이츠와 아내 멜린다 역시 세 자녀에게 각각 1,000만 달러(약 108억 원)씩만 물려주고 재산의 나머지 95%는 기부하겠다고 공언한 상태다.

빌 게이츠는 마이크로소프트 직원이었던 멜린다 게이츠와 1994년 결혼했다. 멜린다도 결혼 전까지 기부에 별다른 관심이 없었던 빌 게이츠를 설득해 자선가로 변신시킨 인물로 언급돼 왔다. 빌 게이츠는 지난 2010년부터 다른 백만장자들에게 재산의 절반 이상을 기부하도록 권유하기 시작했는데, 이 활동에 멜린다의 영향이 결정적이었던 것으로 알려졌다. 〈절반의 힘(The Power of Half)〉이라는 책을 읽고 감명을 받은 멜린다가 게이츠에게 기부 권유 운동을 시작하도록 권했다는 것이다. 절반의 힘은 월스트리트저널 기자였던 케빈 살윈이 자신의 집을 팔고 판매금의 절반을 기부한 이야기를 담고 있다. 게이츠 부부는 살윈의 아내를 초대해 더 자세한 기부 이야기를 듣기도 했다.

미국의 1세대 부호들 석유왕 록펠러, 철강 왕 카네기, 자동차 왕 포드 등 미국의 자본주의를 개척한 초기의 부호들도 빌 게이츠의 변신에 영향을 미쳤다. 게이츠는 2013년 열린 한 행사에서 자신의 자선 활동과 관련, 1세대 대(大) 자선가들로부터 많은 영향을 받았다고 언급한 적이 있다.

이 중에서도 게이츠에게 가장 큰 영향을 준 것으로 꼽히는 인물이 존 D. 록펠러(1839~1937)다. 록펠러와 게이츠는 비슷한 점이 많다. 정유회사 '스탠더드 오일'을 설립한 록펠러는 저가 공세로 경쟁사를 차례차례 무너뜨리며 석유업계를 독점했다. 그래도 생전에 교회에 십일조는 꼬박꼬박 냈고, 이후 아들 세대에 막대한 기부를 하면서 무자비한 자본가라는 오명(汚名)을 씻었다.

게이츠가 창업한 마이크로소프트도 초창기에는 '윈도' 운영체제 안에 웹 브라우저 '인터넷 익스플로러'를 기본 탑재해 시장을 독점한다는 논란에 시달렸다. 게이츠는 과거 인터뷰에서 돈을 버는 것과 번 돈을 남에게 그냥 줘버리는 일을 동시에 한다는 것이 혼란스럽게 느껴졌다고 말한 적이 있다. 자선가로 변신하기 전까지는 기부나 자선 활동에 관심이 별로 없었다는 이야기다.

7.5 진로 선택은 빠를수록 좋다

육동인 강원대 초빙 교수는 사람들이 진로 선택을 주저하는 이유와 빠른 진로 선택의 중요성을 "학생이든, 60대든 '내가 정말 하고 싶은 것이 무엇인지 모르겠다.' …왜?"라는 제목으로 2019년 5월 13일에 〈동아일보〉에 소개했다. 야망을 가졌지만 진로 선택으로 고민하는 청춘들이 꼭 한번 읽어 보기를 추천한다.

고속도로를 타고 가다 보면 분기점 표지판이 나온다. 도로가 갈라지는 곳이다. 어느 길을 선택하는가에 따라 방향과 목적지가 완전히 다르게 된다. 한번 잘못 들면 되돌리기가 쉽지 않다.

인생의 진로도 마찬가지다. 살다 보면 어떤 길로 들어서야 할지, 어떤 직업을 가져야 할지 선택해야 하는 시점이 있다. 이른바 진로 분기점이다. 중학교 3학년, 고등학교 3학년, 대학교 졸업, 첫 직장 입사 후 3년, 40세 초, 60세 전후, 80세 전후 등 여러 번의 진로 분기점이 있다. 한번 선택하면 쉽게 되돌리기 어렵기는 고속도로 분기점과 마찬가지다.

중3은 일반고, 특성화고, 전문계고, 특수 목적고 등 상급학교 진학을 결정하면서 진로라는 것을 처음 고민하는 시기다. 고3은 대학과 전공 분야를 선택하면서 미래의 직업에 대해 구체적인 고민을 한다. 청소년기를 벗어나면서 나름 자신의 의사 결정에 책임감을 갖는 시기다.

대학 졸업 때는 실제 직업을 가지면서 학생에서 직장인으로 역할이 변환되는 시기다. 그렇게 직장인이 됐지만 첫 직장 입사 후 3년은 다시 고민의 시기다. 사회 초년생들은 현재의 직장에 머물 것인지 더 나은 직장으로 이직할 것인지 끊임없이 고민한다.

사회생활의 경험이 어느 정도 쌓이는 40세 초 중반, 직장생활 20년쯤 되는 시기로, 남은 직장생활 20년을 이 일을 계속 할지 고민이다. 60대 전후는 퇴직 후의 진로가 걱정이고 80대 전후는 남은 삶을 어떤 일을 하면 보낼까 등에 대해 숙고한다.

흥미로운 것은 한국인들은 각 분기점에서 고민이 거의 똑같다는 점이다. 진로컨설팅을 하다 보면 이구동성으로 "도대체 내 적성이 무엇인지, 내가 정말 하고 싶은 것이 무엇인지 잘 모르겠다"고 말한다. 학생이든, 40대든, 60대든 다르지 않다. 세대별 인터뷰와 설문조사를 통해 '생애 진로 분기별 진로 정체성'을 분석한 논문에서도 "우리나라 사람들은 진로 전환 기점마다 진로 고민과 정체성 혼동을 반복한다"는 것이 통계적으로 확인된다.

이런 현상은 왜 벌어질까? 여러 이유가 있겠지만 '나'에 대한 탐구가 제대로 되지 않은 게 가장 크다. 어린 시절에는 부모나 선생님의 결정을 그대로 받아들였고, 사회생활을 하면서도 본격적인 고민을 회피한 채 현실과 타협하면서 살아왔다. 나를 모르니 결국 나에 맞는 직업을 찾지 못하고, 은퇴 후에도 무엇을 하며 살아야 할지 고민이다. 평생 남의 인생을 사는 셈이다.

나에 대한 파악은 빠를수록 좋다. 어린 시절부터 나를 알고 그에 따른 진로가 설정됐다면 진로 분기점마다 겪는 고민이 크게 줄어든다. 물론 요즘 젊은 세대들은 남 눈치 보지 않고, 당당하게 자신의 개성에 맞는 직업을 선택하는 경향이 커지고 있다. 하지만 아직 대세라고 할 정도는 아니다. 각급 학교의 진로 상담도 상당 부분 상급학교 '진학 상담'을 벗어나지 못하는 수준이다. 올바른 진로 탐색을 위해 정부가 많은 돈을 들여 분당에 세운 '한국잡월드' 같은 곳이 동네마다 하나씩 생겨나면 좀 나아질까?

7.6 한 가지 일 집중에 대한 시

〈일관성-한 가지 일에 몰두하기〉
기회의 문 앞에 서기를 원하면
통상 90분 정도는 등 붙이고
의자에 앉아 있을 일이다.
최소한 그 시간의 분량은
결과물 얻기 위한 집중으로
주어진 과제에 열중할 이유이다.
혹여 몰입하다 긴장의 끈 풀리고
한 시간 반이 부담이 가면
가끔 음악을 곁들이고 열중하라.
그렇다. 감미로운 음악은
자유로운 바람의 영혼처럼
깊은 상처 치유하는 삶의 지혜와 정녕,
이 땅의 축복도 허락하리요.
집중의 공적(公敵) 1호는 스마트폰이다
잠시 스마트폰을 묵언(默言)처리하거나
작업장에서 먼 곳에 두거나
외출하는 가족에게 맡겨라!
한 가지 일에 일관되게 몰입하면
성공의 확률이 가중되는 이치,
뇌도 다중 업무 수행에 적합하지 않아
한 가지 일 처리할 기능이 주어진 이유다.

- 김석희

제8장
장수는 연장된 기회

"늙은 자에게는 지혜가 있고 장수하는 자에게는 명철이 있느니라."

− 〈욥기 12:12〉

"나이는 단지 마음의 상태나 어떤 유형의 특정 행동에 대한 이유가 아닌 숫자의 일부분이다."

− 〈세셀라 애머〉

〈이 장의 차례〉
8.1 어느 95세 노인의 일기
8.2 연장된 기회는 복이다
8.3 대기만성
8.4 연장된 기회에 대한 시

8.1 어느 95세 노인의 일기

"나는 젊었을 때 정말 열심히 일했습니다. 그 결과 실력을 인정받았고 존경을 받았습니다. 그 덕에 65세가 되던 때 당당히 은퇴할 수 있었죠. 그런 내가 30년 후인 95세 생일 때 얼마나 많은 후회의 눈물을 흘렸는지 모릅니다.

내 65년의 생애는 자랑스럽고 떳떳했지만 이후 30년의 삶은 부끄럽고 후회가 되고 비통한 삶이었습니다. 나는 퇴직 후 "이제 다 살았다. 남은 생은 그냥 덤으로 주어진 것이다"라는 생각으로 그저 고통 없이 죽기만을 기다렸습니다. 덧없고 희망이 없는 삶, 그런 삶을 무려 30년이나 살았습니다.

30년의 세월은 지금 내 나이 95살로 보면 3분의 1에 해당하는 기나긴 시간입니다. 만일 내가 퇴직을 할 때 앞으로 30년을 더 살 수 있다고 생각했다면 난 정말 그렇게 살지는 않았을 것입니다. 그때 나 스스로 늙었다고, 뭔가를 시작하기엔 너무 늦었다고 생각했던 것이 큰 잘못이었습니다.

나는 지금 95살이지만 건강하고 정신이 또렷합니다. 혹시 앞으로 10년이나 20년을 더 살지도 모릅니다. 이제 나는 내가 하고 싶었던 어학 공부를 시작하려고 합니다. 그 이유는 단 한 가지, 10년 후에 맞이하게 될 105번째 생일 때 왜 95살 때 아무것도 시작하지 않았는지 후회하지 않기 위해서입니다."

― 〈작자 미상〉

8.2 연장된 기회는 복이다

우리는 위의 독백에서 한 가지 교훈을 얻게 된다. 생각 여하에 따라 장수는 연장된 기회가 될 수 있다는 것이다. "오래 오래 건강하십시오.", "만수무강하십시오." 이런 말들이 덕담이 되는 것은 물론 장수를 복으로 믿기 때문이다.

장수가 복이 되는 이유는 그 장수가 곧 기회이기 때문이다. 그리고 그 기회란 무엇인가를 얻고, 무엇인가를 누리고, 무엇인가를 깨닫는 때일 것이다. 나이가 들어 은퇴하고 나면 가족과 더불어 보낼 수 있는 더 많은 시간을 얻게 되고, 그동안 바빠서 못했던 취미 생활을 누릴 수 있으며, 어려운 일이나 불행은 지혜로 극복할 수 있다는 것을 깨닫게 된다.

김형석 교수는 그의 저서 〈백년을 살아보니〉에서 "젊었을 때는 용기가 있어야 하고 장년기에는 신념이 있어야하나, 늙어서는 지혜가 필요하다는 것이다"라고 했다.

나이가 들면 대체로 지혜가 쌓이기 때문에 연령이 올라감에 따라 갈등 해결 능력이 올라가게 마련이다. 나이와 지혜의 관계를 탐구하기에 앞서 지혜란 무엇인지 짚을 필요가 있다.

스티븐 코비는 〈8가지 습관〉이란 저서에서 전인 교육을 주장하고 있다. 전인 교육을 이해하려면 피터 드러커가 제기한 문명 세계의 다섯 단계, 즉 석기시대(수렵·채취시대), 농경시대, 산업시대, 지식·정보시대 및 새로 나타나고 있는 지혜시대에 대한 1차적 이해가 주어져야 한다.

석기시대의 기술은 활과 창, 농경시대의 기술은 농기구, 산업시대의 기술은 공장을 위주로 행하여 졌기에 대부분의 노동자들은 주로 손과 육체를 사용해서 그들의 생산 활동을 수행하였다. 그러나 우리가 살고 있는 현대사회는 정보·지식시대이기에 생산 활동의 주체는 어디까지나 인간이다. 따라서 능률적인 생산 활동을 위해서는 전인 교육과 훈련이 무엇보다 필요한 것이다.

이 문명의 다섯 단계는 두 가지의 특징을 지니고 있다.

첫째, 당대의 평균 노동자는 전 단계의 평균 노동자보다 50배나 더 많은 생산품을 생산하게 되어 있다.

둘째, 다음 시대는 그 전 시대의 대부분의 직장을 파괴한다. 따라서 제조업과 같은 산업시대의 직장들이 점차 사라지는 것은 정부정책이나 자유무역협정과는 별개로 큰 상관은 없다. 대다수의 경제 형태는 산업시대에서 정보·산업시대로 이행됨에 따라 자연적으로 발생하는 현상일 뿐이다. 따라서 당근과 스틱으로 노동자를 유도했던 산업시대를 지나 정보·지식시대가 시작되던 1980년대 초기부터 전 인간교육으로 노동자를 유도해야 한다는 논리가 점차 확장되었다.

이처럼 정보시대가 그 절정기에 도달함에 따라 대부분의 지식은 누구나 스스로 획득할 수 있다. 다양한 지식도 중요하지만, 무엇보다 필요한 지식을 얻고 사용할 줄 아는 지혜가 필요한 시대가 왔다. 단적으로 언급하면 지혜는 정보의 사용, 즉 방향 설정이기에 기본적으로 '초점'과 '실행'이라는 두 단어로 요약할 수 있다. 복잡한 문제가 있을 때 간단한 해법을 선택한다'는 것은 어디까지나 초점과 실행을 두고 하는 경우이다.

인생 80에 절망하는 사람에겐 끝장이지만 연장된 기회를 꿈과 희망으로 보는 사람에겐 출발일 수도 있다. "인생은 80부터"라고 하지 않던가?" 나이가 80을 넘은 사람들은 인생이 너무 허무

하다는 생각이 들 때가 종종 있을 것이다. 그렇다면 신년 인사에 꼭 포함되는 희망과 행복이라는 두 단어를 기억할 필요가 있다. 그렇다. 나이가 80이 넘은 사람도 마음먹기에 따라 희망찬 새해를 맞이하고 복된 한 해를 기대할 수 있다.

나이와 상관없이 삶을 새롭게 시작하는 모든 사람에게는 희망이 있다. 그리고 희망은 행복을 가져다주는 씨앗이다. 요점은 희망과 행복은 각자의 마음속에 있다는 사실이다. 현재의 만족한 삶보다는 미래의 희망이 있는 삶이 더 행복하다는 말을 명심할 필요가 있다. 그 이유는 희망은 행복의 조건이기 때문이다.

생각해 보면 인생을 살아가는 순간순간이 기회다. 그 중에서도 장수를 누리는 기간은 그 어느 때보다도 소중한 마지막 기회의 순간이라고 믿는다.

나는 고교 시절에는 국어나 영어와 같은 인문학 계통의 과목보다 수학과 물리 등의 과목 성적이 월등히 좋아 1957년에 연세대학교에서 전기공학을 전공으로 대학생활을 시작하였다. 전기공학과에 입학할 때까지는 몰랐지만, 막상 대학에 진학하고 나서야 비로소 전기공학을 공부해서는 큰 사람이 될 수 없다는 그릇된 생각 때문에 전기공학을 대학 전공으로 택한 것을 크게 후회하였다. 따라서 전기공학을 전공했던 3학기 동안은 학교수업은 하지 않고 수필과 소설 장르의 인문학 계통의 서적을 읽으며 젊음의 한때 시인이 되고 싶다는 충동을 가끔 절감하였다.

결국에 경제학과 재무관리로 전공을 바꾸었지만 문학에 대한 막연한 향수와 관심은 일생 동안 잊지 못했다. 시인이 되고 싶다고 생각한지 60년이 되던 2016년 집안에 발생한 큰 아픔 때문에 인생의 무상함을 느끼고 있던 어느 날 갑자기 시라는 단어가 내 머리를 번갯불처럼 스쳐갔다.

두말 할 것도 없이 이 사건은 내가 남은 일생 동안(연장된 기회)에 시를 쓰고 읽으면서 보내기로 한 계기가 되었다. 다시 말해 시는 나에게 꿈 너머 꿈이 된 셈이다.

요약하면 나는 이 꿈 때문에 다시 행복해 졌고, 이 꿈을 이루기 위해 노력할 것이며, 새로운 꿈이 있기에 활기차게 살아가기로 했다. 단, 나는 내 자신에게 소외 계층의 사람들이나 상처받은 이웃의 입장에서 그들의 아픔을 공감하며 치유하는 좋은 시를 쓰도록 노력하겠다는 약속을 했다.

8.3 대기만성

대기만성(大器晚成)이란 한자 성어는 오늘날에는 나이 들어 성공한 사람을 가리키는 말로 흔히 사용되고 있다.

중국 삼국시대 위나라의 최영은 풍채가 좋은 유명한 장군이었다. 그러나 어찌된 셈인지 그의 사촌 동생인 최림은 그 기골이나 인품이 보잘것없었을 뿐만 아니라 구변도 신통치 못해 최영과는 대조적으로 전혀 출세의 길이 열리지 않았다.

일가친척들까지도 최영을 대하는 것과는 딴판으로 최림에 대해서는 늘 경멸했다. 하지만 사촌 형인 최영은 지혜롭게도 최림의 사람됨을 꿰뚫어 보고 그렇게 볼품없이 보아 넘길 사람이 아님을 알아보았다.

"작은 그릇이나 종은 금방 만들어진다. 그러나 큰 종이나 큰 솥은 그렇게 쉽사리 만들어지는 것이 아니다. 마찬가지로 큰 인물이 만들어지려면 오랜 시간이 걸리는 법이다. 내가 보기에 너도 그와 같으니 좌절하지 말고 열심히 노력하여라. 그렇게만 한다면 넌 반드시 큰 인물이 될 것이다."

과연 최영의 말대로 최림은 훗날 천자를 보좌하는 삼공(三公) 중의 한 사람이 되었고 천자를 보필하는 대임을 맡아서 막중한 임무를 수행한 대 정치가로 변신하였다.

넬슨 만델라, 김대중과 로널드 레이건 대통령의 공통점은 세 사람 모두 70세가 넘어서 자기 국가의 원수가 되었을 뿐만 아니라 세상을 바꾼 큰 정치가가 되었다는 점이다.

우리의 소중한 삶의 일상에서 연장된 기회를 포기하는 사람이 있고 상대적으로 장수를 누리는 기간은 그 어느 때보다도 소중한 마지막 기회의 순간이라고 믿는 사람이 있다. 이 두 정치가는 극기하기 어려운 위기를 맞아서도 더욱 그 자신의 집념을 강하게 실천하여 마침내 위기를 기회로 삼아 성공하게 된 삶의 종결자임을 기억할 필요가 있다.

장수로 연장된 기회를 얻기 위해서는 우선 장수의 비결을 알아야 한다. 건강이란 단순히 허약하다거나 질병의 유무로서의 신체 상태를 말하는 것은 아니다. 육체와 정신이 모두 건강하여 정신적, 육체적 및 사회적으로 양호한 상태를 말한다.

이와 같은 정의에 걸맞은 건강한 신체를 유지하기 위해서 우리가 매일 생활에서 유념하여 실천해야 할 필요한 요소는

1) 적당한 육체적 운동
2) 원활한 호흡
3) 균형 있는 영양 섭취
4) 정신적 이완

꿈과 비전

5) 충분한 수분 섭취

이 다섯 가지 요소는 하나하나가 중요한 것은 물론이고, 서로가 상호 보완적인 역할을 하고 있기 때문에 어느 것 하나를 소홀하게 다룰 수가 없다. 다섯 가지 모두가 조화로워질 때 가장 건강한 상태가 되는 것이다.

김형석 교수처럼 정신과 육체가 건강하면 나이가 많아도 기회와 희망의 불씨는 언제나 남아 있다. 〈동아일보〉는 2019년 11월 7일 김형석 교수(100세 스승)가 중앙고등학교 교사 시절 제자들(90세)을 만나 건넨 교훈은 "나이가 들어도 놀지 말고 공부하게"라고 했다.

"백년을 살아보고 두 가지를 깨달았네. 자신의 일을 사랑하는 사람이 건강한 법이니, 나이가 들어도 놀지 말고 공부하게. 그리고 자신감을 가지라고 당부하고 싶네. 스스로 끝났다고 생각하면 정말 인생이 끝나버리거든."

다시 말해 이 말은 90에 절망하는 사람에겐 인생이 끝장이지만 연장된 기회를 꿈과 희망으로 보는 사람에겐 출발일 수도 있다는 뜻이다. 이 말은 김형석 교수가 11월 6일 오후 2시 서울 종로구에서 열린 제자 이곤 서예가(90세)의 전시회장에서 이곤과 그의 동기생들에게 건넨 교훈이라고 한다.

"도전하는 것이 인생이다. 여러분도 일을 계속하라. 인간은 일을 포기하면 죽고 만다"는 말은 91세에 물러난 일본 스즈키(Suzuki) 회장(오사무 스즈키)의 퇴임사라고 한다.

그가 이번에 물러나는 것은 건강 문제 때문은 아니다. 판단력은 물론, 지난해 매주 1회 골프를 즐길 정도로 보행에 큰 문제가 없다고 한다. 그는 자신의 아들 스즈키 도시히로(61)에게 기회를 주기 위해 '용퇴(勇退)'했다는 분석이 있다. 그의 뒤를 이을 스즈키 도시히로 사장은 "아버지는 평생 현역이라고 말해와 현시점에서 물러날 것을 전혀 몰랐다"고 했다. 스즈키 회장은 상담역(고문)으로 계속 활동할 예정이다.

다시 말하면 부자가 되려면 부자의 습관을 따라 하고 운동을 잘하고 싶다면 운동선수의 폼을 따라 하라. 장수와 장수를 연장된 기회로 삼는 것도 마찬가지이다. 다시 말하면 김형석 교수의 교훈—나이가 들어도 공부하고, 오사무 스즈키 회장의 퇴임사는 '일을 포기하지 말라'이다. 따라서 대기만성의 첫 열쇠는 젊을 때부터 건강에 유의해야 한다는 것이다. 100세 노인 인구가 점점 늘고 있다. 과학자들은 지난 200년 동안 인간의 수명이 2배 이상 연장됐고 150세까지 장수를 누릴 첫 번째 인간이 이미 탄생했을 수 있다고 가능성을 밝히고 있다.

공식 출생증명서로 나이를 확인할 수 있는 사람 중 가장 오래 생존했던 사람은 1998년 122세로 사망한 프랑스의 여성인 잔 칼망(1875~1997)이다. 그녀는 장수의 비결로 올리브 오일이 풍부한 음식과 포도주, 그리고 미소를 꼽았다.

하지만 병약한 상태로 자신의 육체를 가늠하지 못하고 타인의 도움에 의존하며 100세를 사는 것은 아무런 의미가 없다. 영국 일간지 〈인디펜던트〉가 2007년 10월 7일 소개한 건강하게 수명을 연장하는 10가지 비결은 다음과 같다.

1) **규칙적인 운동**: 일주일에 3회 규칙적으로 수영, 산책 등의 운동을 30분씩만 해도 수명을 몇 년 연장할 수 있다. 운동은 젊음을 유지하는 최고의 명약이다.

2) **약간의 스트레스**: 약간의 스트레스는 신체의 자연적인 회복 메커니즘을 자극할 뿐만 아니라 활력을 주고 노화 과정을 늦춘다.

3) **좋은 지역에서 살기**: 어느 곳에 사느냐가 장수에 중요하다. 일본 오키나와는 건강하게 오래 사는 노인들이 많아 장수촌이라는 명성을 얻었다. 이에 비해 영국 글래스고처럼 가난하고 오염된 도시 지역에 사는 사람들의 수명은 54세에 불과하다.

4) **성공하기**: 재산과 기회가 많고 성공을 거두고 교육을 많이 받을수록 더 오래 산다는 연구보고서들이 발표된 바 있다. 아카데미상을 받은 배우들이 그렇지 못한 배우들보다 장수한다는 보고서도 나온 적이 있다.

5) **건강에 좋은 음식 먹기**: 시금치, 브로콜리처럼 항산화 성분과 베타카로틴을 풍부하게 함유한 식품들은 노화 과정을 지연시켜 장수에 도움이 된다.

6) **자기 자신에게 도전하기**: 정신 건강은 신체 건강만큼 중요하다. 뇌가 자극을 받고, 활동을 하면 면역 체계가 강화되고 우울증부터 치매에 이르기까지 많은 질병의 발병이 늦춰질 수 있다.

7) **생활을 즐기기**: 좋은 인간관계는 장수의 비결이다. 기혼남성은 평균 7년, 기혼여성은 평균 2년을 더 장수한다. 초콜릿, 포도주, 웃음도 좋은 장수 약이다.

8) **신 혹은 친구를 찾기**: 종교는 사후 세계뿐만 아니라 생전에 이미 보상을 해준다. 종교를 가진 사람이 무신론자보다 평균 7년 더 장수한다는 100여 편의 보고서들이 발표됐다. 종

교처럼 친구도 행복한 장수생활을 위한 중요한 요인이 될 수 있다.
9) **식사량 줄이기**: 섭취 열량을 10~60%쯤 줄이면 대사 작용과 해로운 활성 산소의 생산을 낮춤으로써 수명을 늘릴 수 있다.
10) **정기적으로 건강 점검하기**: 생명을 위협하는 질병에 걸리기 전에 미리 정기적으로 건강을 점검하는 것도 100세를 살 수 있는 방법이다.

8.4 연장된 기회에 대한 시

〈12월〉
뒷모습이 아름다워야
정말 아름다운 사람이다.
뒷맛이 개운해야
참으로 맛있는 음식이다.
뒤끝이 깨끗한 만남은
오래오래 좋은 추억으로 남는다.
두툼했던 달력의
마지막 한 장이 걸려있는
지금 이 순간을
보석같이 소중히 아끼자
이미 흘러간 시간에
아무런 미련 두지 말고

올해의 말끔한 마무리에
최선을 다하자!
시작이 반이 듯이
끝도 반이다.

― 정연복

〈인동초(忍冬草) ―김대중〉
하의 3도 농민의 불굴의 정신을 가지고
"다섯 번의 죽을 고비를 넘고,
6년 반의 감옥살이를 했으며,
20여 년간 연금과 감시 속에서 살았고,
3년 반의 망명생활도 했지만"
끝까지 투쟁해서
저토록 피어난 꽃 인동초를 보라.
시련과 좌절을 두려워 않고
도전하고 또 도전해서
어두운 긴 터널을 지나
후광리의 산자락에 핀 꽃
햇볕정책과 노벨평화상.
아름다운 퇴장
그리고 고향 방문.
아, 다함없는 은총의 축복이다.
고향을 마지막으로 방문하면서
"이제 가면 언제 올까

기약 없는 길이지만
반드시 돌아오리
새벽처럼 돌아오리
돌아와 종을 치리
자유종을 치리라"라는
평화와 인권의 지도자가 남긴
그의 말 잊지 맙시다.

- 김석희

제9장

뇌 건강

모든 연령대에서 더 나은 두뇌를 만드는 방법

"최근까지 과학자계에서도 뇌는 특정 연령까지 발달한다고 생각했다. 그러나 그 생각은 잘못된 것이다. 평생 동안 빠른 사고 두뇌를 누릴 수 있다는 증거가 점점 늘어나고 있다.

― 〈산제이 굽타〉

〈이장의 차례〉
9.1 뇌 건강에 중요한 다섯 가지 요소
9.2 종교인처럼 행동하기
9.3 스트레스와 성공
9.4 뇌 건강에 대한 시

9.1 뇌 건강에 중요한 다섯 가지 요소

유지하기 위해 온갖 종류의 일을 하지만, 뇌를 유지하기 위해 같은 일을 하는 경우는 얼마나 자주 있나? 대부분의 사람들은 뇌가 특정 연령까지 발달한다는 근거로 뇌를 건강하게 유지하려고 노력하지 않았다. 그러나 산제이 굽타와 다른 내분비학자들은 우리가 어떤 연령에서도 뇌를 건강하고 예리하게 유지할 수 있다고 주장한다.

이 세상에 자신의 발자취를 남기고 싶은 사람들은 신체건강 뿐만 아니라 뇌 건강도 필수불가결하기 때문에 뇌를 건강하고 건강하게 유지하기 위해 노력할 필요가 있다. 신경외과 의사이자 CNN 수석 의학 통신원인 산제이 굽타 박사는 그의 저서 〈킵 샤프(Keep Sharp)〉에서 현재 나이에 관계없이 다음 5가지 일을 수행함으로써 뇌를 젊고 건강하며 예리하게 유지할 수 있다고 말한다.

---

1) 운동(운동의 기적)
2) 새로운 일에 도전하기(목적, 학습, 발견의 힘)
3) 수면과 휴식(수면과 휴식의 필요성)
4) 뇌 건강에 좋은 음식(생각을 위한 음식)
5) 사회적 참여(보호를 위한 연결)

---

1) 운동

뇌 건강에 가장 중요한 다섯 가지 요소는 운동, 새로운 일에 도전하기, 수면과 휴식, 사회적 참여인데 그 중에 제일은 운동이라 한다. 남녀노소를 불문하고 과거에 지속적인 운동을 하지 않앉다고 해도 지금 당장 운동을 시작하면 몸 전체의 건강뿐만 아니라 뇌 건강에도 놀라운 효과를 발휘하게 되어 있다. 그러기에 사람들은 동서고금을 막론하고 "건강한 신체에 건강한 정신이 깃든다"고 하지 않았던가!

한 연구 조사에 의하면 치매에 좋다고 한 10가지의 약을 환자들에게 사용했지만 단 한 가지의 약도 효과가 없다는 결론에 도달했다. 미국 질병예방센터에 의하면 80퍼센트의 사람들이 충분한 운동을 하지 않는다고 한다. 다만 23퍼센트의 남자들과 18퍼센트의 여자들만 충분한 운동을 한다.

대체로 운동은 소화, 신진대사, 신체 탄력과 근력 그리고 골밀도를 향상시킨다. 대부분의 사람들은 운동을 체중 감량으로 생각하는데, 이는 사실이다. 운동은 그 이상의 효과가 있다. 스마트 유전자를 활성화하고 정서적 안정을 지원하며 우울증과 치매를 예방할 수 있다. 자신에게 맞는 운동을 선택하면 즐겁고 자존감과 자신감도 높아진다.

2) 새로운 일에 도전하기

새로운 일에 도전하기를 얘기할 때 가장 많이 쓰이는 문구는 "절대 은퇴하지 말라"이다. "일 년 더 일할 때마다 치매에 걸릴 위험이 3.2%씩 감소한다고 한다." 팔, 다리, 허리 등 사람 몸의 어느 부분이건 사용하지 않으면 퇴보하게 마련이다. 물론 뇌도 예외는 아니다.

새로운 일에 도전하기는 강한 목적의식, 학습과 발견으로 나누어 생각할 수 있다. 목적의식이 강한 사람들은 생업에 오래 종사하는 경향이 있다. 이런 사람들은 항상 새로운 문제와 상황에

직면해서 뇌를 사용해야 되기 때문에 그들의 인지 능력은 조기 은퇴한 사람에 비해서 서서히 퇴보한다. 그러나 이러한 사람들은 은퇴하고 나면 몸은 편한데 마음은 불편하다. 이런 경우 여생을 의미 있게 살 수 있게 하기 위한 삶의 목적을 찾아야 한다.

높은 IQ나 고등교육은 사람들을 치매로부터 보호해 준다. 그렇다고 꼭 머리가 좋거나 학위가 많아야 치매를 사전에 막아 준다는 말은 아니다. 신문 구독이나 비디오와 카드 게임 등도 정신 건강을 높이는 학습이 될 수 있다.

기억력은 신체적 건강과 정신적 건강에 의존한다. 우리의 두뇌가 새로운 것에 도전하도록 하기 위해 꼭 정규직을 유지할 필요는 없다. 예를 들어, 우리는 연장자를 위한 수업에 등록하여 새로운 것을 배우고, 교회나 자선 단체에 나가서 자원 봉사를 하고, 도서관 카드를 갱신하고, 취미 활동을 하면 자연적으로 정신 건강과 육체적 건강에 도움이 된다.

3) 수면과 휴식

현대 선진국에 살고 있는 사람들 중 3분의 2는 만성적으로 수면이 부족하다고 한다. 만성적으로 불충분한 수면을 취하면 치매, 우울증, 기분 장애, 학습 및 기억 문제, 심장 질환, 체중 증가 및 비만, 당뇨병, 낙상 관련 부상 및 암에 걸릴 위험이 더 높아진다.

거의 모든 수면 보조제는 우리가 더 빨리 잠을 자도록 도와주므로 전반적인 수면을 더 많이 취할 수 있지만 자연적인 수면만큼 편안한 수면을 경험할 수 없다. 나이가 들수록 수면 시간은 줄어든다. 나이가 들수록 수면 패턴이 바뀌고 잠들기가 어려우며 젊었을 때보다 충분한 숙면을 취하기가 어렵다. 그러나 수면의 필요성은 나이가 든다고 해서 줄어드는 것은 아니다.

잠을 잘 수 있는 10가지의 비결은 다음과 같다.

(1) 일정을 지키고 긴 낮잠을 자지 마라.
(2) 밤에 활동하는 올빼미족이 되지 마라.
(3) 이른 아침 햇살에 일어나라.
(4) 운동하라.
(5) 먹는 것과 마시는 것을 조심하라. 예를 들어 늦은 오후에는 술이나 커피를 삼가고 저녁에는 과식을 피하라.
(6) 약을 조심하라.
(7) 침실을 시원하고 어둡고 조용하게 만들어라.
(8) 전자제품을 제거하라.
(9) 취침 시간 의식을 정하라. 잠자리에 들기 30분 내지 한 시간 전에 긴장을 풀고 잠자리에 들 시간이 다가오고 있음을 몸이 인식하는 데 도움이 되는 작업을 수행하라. 예를 들어 따뜻한 목욕, 독서, 음악 듣기, 따뜻한 우유 마시기 등을 하라.
(10) 수면장애 같은 경고 신호를 알아두라.

4) 뇌 건강에 좋은 음식

음식 섭취 습관이 뇌 건강에 미치는 영향을 3가지로 나누어 생각할 수 있다. 뇌 건강에 좋은 음식(A list), 뇌 건강에 나쁜 음식과 (C list), 뇌 건강에 중립적인 음식 (B list)을 열거하면 다음과 같다.

A list: 뇌 건강에 좋은 음식(규칙적으로 먹어야 할 음식)

신선한 야채, 블루베리, 생선 및 해산물, 건강한 지방(올리브 오일, 아보카도, 계란)과 견과류 및 씨앗.

Clist: 뇌 건강에 나쁜 음식(피해야 할 음식)

튀긴 음식, 패스 트리, 단 음식, 육류, 붉은 고기, 치즈, 버터와 같이 포화지방이 많이 함유된 전 지방 유제품.

Blist: 뇌 건강에 중립적인 음식(가끔 먹어야 할 음식)

콩 및 기타 콩류, 전체 식품, 저지방, 저당유제품(플레인 요거트, 코트지 치즈 등)과 가금류 및 통 곡물.

5) 사회적 참여

사회적 참여를 유지하는 데 도움이 되는 몇 가지 팁은 다음과 같다.

a. 팀 스포츠나 취미 중심으로 모인 집단 등 가장 즐기는 분야와 활동에 집중하라.
b. 친척, 친구, 이웃과 정기적으로 연락을 취하라.
c. 다양한 연령대의 사람들과 사회적 관계를 유지하라.
d. 학교나 커뮤니티 센터에서 자원 봉사하라.
e. 정기적으로 의사소통을 할 수 있고 신뢰할 수 있으며 의지할 수 있는 친구를 최소한 한 명쯤 두라. 그 사람은 당신이 믿고 의지할 수 있는 사람이여야 한다.
f. 교회, 독서 클럽 등 조직화된 클럽에 도전해 보라.
g. 애완동물 입양을 고려해 보라.
h. 고립감을 느낀다면 종교 지도자나 전화 핫라인 등 도움을 줄 수 있는 전문가에게 연락하라

9.2 종교인처럼 행동하기

 직업과 관련한 사망률을 최초로 조사한 것은 영국인 채드 윅으로서 1842년의 일이다. 그 후에 한국을 비롯해 세계 여러 국가에서 이와 유사한 조사가 있었다. 그런데 한 가지 공통점은 직업별 사망률 순서에는 크게 변동이 없었다는 사실이다.

 원광대학교 김종인 교수가 2010년 직업별 평균 수명을 발표해 비상한 관심을 모았다. 총 11개 직업군을 대상으로 장장 48년간(1963~2010)에 걸친 연구 결과를 종합해 보면 이른바 오래 사는 직업이 있고 단명하는 직업도 있다. 그 차이는 무려 13년이나 된다.

 이들 11개 직업군을 대상으로 48년 동안 조사한 결과 가장 오래 사는 직업군은 종교인(목사, 신부와 승려 등)으로 밝혀졌다. 그렇다면 궁금해진다. 왜 직업이 평균 수명에 영향을 미치는 걸까?

 이 물음에 김종인 교수는 "이번 조사 결과에서 종교인이 오래 사는 직업군으로 분류된 사실에서 값진 교훈을 얻어야 한다"고 말한다.

 종교인은 대체로 규칙적인 생활과 정신수양을 한다. 또 가족관계로 인한 스트레스가 적고 과욕을 부리지 않는다. 금연과 금주, 절식을 하고, 환경 오염이 적은 곳에서 생활하는 등 몇 가지 독특한 조건을 갖고 있다. 참 쉬운 방법이지만 실천하기는 어려운 건강 덕목들이다.

 한마디로 요약하면 종교인의 생활 습관은 자연적으로 스트레스를 다스리기 때문에 오래 산다는 얘기다.

 김교수가 제시한 스트레스 다스리는 참 쉬운 방법 6가지는 다음과 같다.

1) 긍정의 달인이 되자

스트레스 극복에 도움이 되는 비결 중 하나는 부정적인 사고방식을 긍정적으로 바꾸는 것이다. 자신에게 감당하기 힘든 어려움이 닥치더라도 다른 시각으로 해석하는 것이다. 만약 '이 일은 오늘까지 꼭 해야 하고, 이 일에 회사의 성패가 달려 있다'고 생각하면 생활 전체가 스트레스가 될 것이다. 하지만 생각을 바꾸어서 '이 일에 최선을 다하면 결과는 좋을 것이다. 좋으면 여행을 떠나야지'라고 생각한다면 능률도 오른다.

물론 매사를 긍정적으로 보는 것이 말처럼 쉽지는 않다. 하지만 자신을 위해 최대한 노력해 보자. 힘들다면 다른 사람의 도움이나 종교의 힘을 빌려도 좋다. 신은 당신을 더욱 강하게 하기 위한 고난을 주고 그 고난은 항상 당신이 견딜 수 있는 만큼 주신다는 말을 기억하자.

2) 복식 호흡을 실천하자

복식 호흡은 배로 하는 호흡을 말한다. 아이들은 대개 복식 호흡을 한다. 숨을 들이마시면서 배를 확장 시키고 숨을 내쉬면서 최대한 배를 들이민다. 평소 복식 호흡을 하면 스트레스에 의한 긴장을 완화하고 우리 몸의 모든 기능을 이완시켜 주는 효과가 있으므로 숨을 쉴 때는 되도록 복식 호흡을 하도록 하자.

3) 천천히 숨을 쉬자

이것은 누구나 할 수 있는 가장 쉬운 스트레스 해소법이다. 긴장하거나 화가 날 때는 자신의 호흡 횟수를 세어 보자. 아마도 얕은 숨을 빠르게 쉬고 있을 것이다. 이럴 경우 의식적으로 배의 힘을 빼고 숨을 천천히 쉬면 편안해짐을 느낄 수 있을 것이다. 이때 숨을 들이마시는 것은 최대한 적게 하고 가능하면 길게 내쉬도록 하자.

4) 돈 욕심은 버리자

돈은 현대인의 가장 흔한 스트레스 원인이다. 하지만 자신의 욕심을 절제하지 못하는 한 절대 해결할 수 있는 문제도 아니다. 재정적인 스트레스는 자신의 욕심만큼 심해지고 견디기 힘들게 된다. 설령 돈을 많이 번다 해도 자신의 욕심을 모두 다 충족시키기는 어렵다. 지나친 돈 욕심은 늘 경계하자.

5) 때때로 충분한 휴식을 취하자

자동차가 고장났을 때는 멈춰 선다. 기름이 떨어져도 마찬가지다. 우리 몸도 이와 같다. 지칠 때는 쉬어야 한다. 그래야 에너지가 다시 샘솟는다. 때때로 잠시 멈춰서 우리 인생에도 쉼표를 찍자. 그래야 건강한 삶을 살 수 있다.

6) 스트레스가 쌓였을 때는 생강과 친해지자

매사 의욕이 없고 기력도 없으며 자신감을 잃어 침체돼 있는 사람은 꼭 생강을 먹도록 하자. 슈퍼나 마트에 가면 쉽게 구할 수 있는 값싼 야채이기 때문에 일상적으로 늘 섭취하면 좋다. 생강은 위를 자극해 소화를 촉진시키고 몸에서 열을 발생시킨다. 이러한 효능으로 만병의 원인을 제거하는 생약의 왕으로 군림하고 있다. 특히 몸뿐만 아니라 마음도 생강에 의해 건강해질 수 있으므로 늘 먹도록 하자. 하루 한 잔 마시면 스트레스를 날려버리는 생강 홍차도 좋다.

요약하면 운동을 잘하고 싶다면 선수의 폼을 따라하고 부자가 되려면 부자의 습관을 따라 하라. 오래 사는 것도 마찬가지! 장수하고 싶으면 종교인의 생활습관을 따라하라.

9.3 스트레스와 성공

장기간의 높은 스트레스 경험에 노출되어 스트레스 반응 시스템이 반복적으로 과도하게 자극되면 뇌 구조, 인지 능력 및 정신 건강에 영향을 미치는 것으로 생각된다. 사람이 이 세상에 왔다가 남들이 보기에 크든 작든 자신만의 큰 발자국을 남기기 위해서는 큰 꿈과 비전이 있어야 한다.

문제는 큰 꿈과 비전에 도전할 때 스트레스와 불안감이 따른다는 점이다. 불안은 내부에서 오지만 스트레스는 외부에서 온다. 문제는 그 차이가 중요하다는 것이 아니라 모든 사람들은 스트레스와 불안이 모든 질병의 근원이라고 믿고 있기 때문에 이를 피하려고 한다는 점이다. 하지만 스트레스와 불안은 스트레스가 쌓이는 것을 어떻게 피하는가에 따라 정신적, 육체적 건강과 장수에 도움이 될 수 있다는 사실을 기억할 필요가 있다.

스티븐 R. 코비는 그의 저서 〈성공하는 사람들의 7가지 습관〉에서 스트레스는 오히려 자극제가 될 수 있다는 것이다.

그의 7가지 습관은 다음과 같다.

> **습관 1.** 적극적으로 행동하세요.
> **습관 2.** 끝을 염두에 두고 시작하세요.
> **습관 3.** 중요한 것을 최우선으로 생각하세요.
> **습관 4.** 승승장구를 생각하세요.
> **습관 5.** 먼저 이해하고 그 다음에 이해받도록 노력하세요.
> **습관 6.** 시너지 효과를 발휘하세요.
> **습관 7.** 톱을 갈다.

다시 말하면 성공한 사람들은 스트레스에 대처하는 방식, 즉 스트레스를 쌓아 두지 않는 방식을 정확히 알고 실천했다는 것이다. 이 문제는 제10장에서 자세히 다루었기 때문에 여기서는 스트레스는 오히려 건강과 장수에 도움이 될 수 있다는 것만 강조하고 넘어 가기로 한다.

9.4 뇌 건강에 대한 시

〈기도할 때 내 마음은〉

1

기도할 때 내 마음은 바다로 갑니다.
파도에 씻긴 흰 모래밭의 조개껍질처럼 닳고 닳았어도
늘 새롭기만 한 감사와 찬미의 말을
한꺼번에 쏟아 놓으면
저 수평선 끝에서 빙그레 웃으시는 나의 하느님

2

기도할 때 내 마음은 하늘이 됩니다.
슬픔과 뉘우침의 말들은 비가 되고
기쁨과 사랑의 말들은 흰 눈으로 쌓입니다.
때로는 번개와 우박으로 잠깐 지나가는 두려움
때로는 구름이나 노을로 잠깐 스쳐가는 환희로
조용히 빛나는 내 기도의 하늘
이 하늘 위에 뜨는 해·달·별·믿음·소망·사랑

3

기도할 때 내 마음은 숲으로 갑니다.
소나무처럼 푸르게
대나무처럼 곧게 한 그루 정직한 나무로 내가 서는 숲
때로는 붉은 철쭉꽃의 뜨거운 언어를
때로는 하얀 도라지꽃의 청순한 언어를 피워 내며
한 송이 꽃으로 내가 서는 숲
사계절 내내 절망을 모르는 내 기도의 숲에 서면
초록의 웃음 속에 항상 살아계신 나의 하느님

― 〈이해인〉

제10장
자발적 동기 부여의 힘

자조(自助): "길이 이끄는 곳을 가지 말라. 대신 길이 없는 곳을 가서 자취를 남겨라."   – 〈랄프 왈도 에미슨〉
호조(互助): "뭉치면 살고 흩어지면 죽는다."   – 〈이순신〉
천조(天助): "구하라 그리하면 너희에게 주실 것이요 찾으라 그리하면 찾아낼 것이요 문을 두드리라 그리하면 너희에게 열릴 것이니 구하는 이마다 받을 것이요 찾는 이는 찾아낼 것이요 두드리는 이에게는 열릴 것이느라."   – 〈마태복음 7: 7-8〉

〈이 장의 차례〉
10.1 자발적 동기 부여란 무엇인가?
10.2 재생의 힘
10.3 동기 부여의 방법
10.4 완벽한 공부법
10.5 일할 동기가 우러나지 않는 것은 삶의 지표를 잃은 것
10.6 자조(自助), 호조(互助), 천조(天助)
10.7 성공의 첫걸음은 스스로 자기를 돕는 것
10.8 스트레스와 불안은 건강과 장수에 도움이 될 수 있다
10.9 자발적 동기 부여에 대한 시

10.1 자발적 동기 부여란 무엇인가?

사람이 이 세상에 왔다가 남이 보기에 크든 작든 자기 나름대로의 큰 발자국을 남기고 가려면 큰 꿈과 비전 있는 삶을 살아야 하지 않겠는가? 큰 꿈이 공동체를 위해 노력하겠다는 삶의 목표라면 비전은 이 목표를 달성하기 위한 청사진이라고 할 수 있다.

사실 인간은 누구에게나 큰 꿈과 비전은 내재되어 있다. 내재되어 있으니 깨우고 개발해야 하는 것이다. 그것이 동기 부여인 것이다. 즉, 동기 부여란 인간의 잠재력(큰 꿈과 비전)을 일깨우고 최선을 다하도록 자극하는 것을 말한다. 운동이든 예술이든 잠재력이 저절로 얻어지는 것이 아니기에 최소한 청년 시절부터 잠재력 개발에 노력하지 않으면 목표한 꿈의 성공도 그만큼 멀어지게 될 수밖에 없다.

대다수 사람들은 성취하고자 하는 동기를 갖게 되면 아무리 어렵더라도 그 일에 도전해 보고 싶은 욕구가 발동한다. 욕구는 단순히 쾌락이나 욕정을 말하는 게 아니라 행동하게 하는 힘, 즉 모험심을 유발시키는 힘을 갖고 있다.

그러므로 모험은 한 개인의 역사에 주목할 만한 사건이 되기도 하고, 우리가 불확실한 결과를 예측하면서도 미지의 세계에 대담하게 추진하고 도전하게 되는 것이다.

우리는 누구나 무한한 가능성이 내재되어 있다. 아직 발견하지 못한 잠재력이 무궁무진한 것이다. 사람은 죽을 때까지 자기 뇌의 20~30% 정도만 사용한다고 한다. 다시 말해서 누구에게나 잠재력이 있지만 그렇다고 모든 사람이 이 잠재력을 개발하고 사용해서 성공을 이루는 것은 아니다.

그러므로 동기 부여의 힘이 발동해 잠자는 자신의 능력을 깨우고 발견해서 행동한 사람은 성공할 것이고, 게으르거나 실패가 두려워 뭔가를 해보지 않은 사람은 성공하지 못할 것이다.

10.2 재생의 힘

인간에게는 스스로 시련을 극복하고 새로운 기회로 향하는 힘이 내재되어 있다. 모름지기 우리가 시행착오로 쓰러지고 좌절하더라도 다시 일어서게 하는 '역전(부활)의 힘'이 인간의 내면 의식에 자리하고 있다.

사람은 종종 실수와 실패를 범하고 또 운명적으로 시련과 고통을 받는 존재이다. 따라서 성공한 이들은 스스로 재생의 힘을 발동시켜 절망 속에서도 다시 일어나 끝내 어려움을 이겨낸다. 하지만 실패자들은 자기 안에 내재된 재생의 힘을 찾지 못하고 외부에서만 해답을 찾으려다 마침내 실패하거나 좌절한다. 간혹 그들은 실패의 원인을 자신의 탓으로 생각하지 않고 자기 합리화로 외부의 탓으로 돌린다.

정작 자기 자신의 잘못은 크게 인식하지 않고 헛된 변명을 늘어놓는 행위는 더없이 어리석을 뿐이다. 그런데 성공의 길로 가는 사람들은 어떤 일을 하다가 실패하더라도 결코 좌절하거나 현실에 안주하기를 거부한다.

저마다 인내하는 마음으로 실패의 원인이 어디에 있는지 분석하고 새로운 기회를 찾기 위해 노력할 일이다. 그리고 자신의 작은 실수 하나도 놓치지 않고 그 잘못을 인정하여야 하고, 다시는 실패를 반복하지 않기 위해서 새로운 기회에 어떻게 자신이 대처할 것인가에 대해 끊임없이 고뇌하여야 한다.

누구에게나 역전을 위한 재생의 힘은 내재되어 있다. 그러면 도대체 어떻게 이 역전의 동력을 움직일 수 있을까? 바로 그것은 새로운 기회를 성공으로 전환하기 위해서는 열정과 풀뿌리 같은 근성(발명가의 정신), 그리고 도전 정신이라는 에너지원이 절대로 필요하다. 목적에 대한 타오르는 열정, 깊이 있게 파고드는 발명가의 근성, 그리고 끊임없는 도전으로 역동성을 팽팽하게 가동시키면 결국 인간은 시련도 성공으로 변형시킬 수 있다.

사람은 누구나 변화를 두려워하기 때문에 도전과 새로운 상황을 맞는 것에 대해 주저한다. 왜 그럴까? 어디까지나 변화는 새로 시작하여야 발전으로 이행될 것이다. 변화에 대한 두려움은 나이가 들수록 커져 간다. 젊은이들은 새로운 일에 도전했다 실패해도 재기할 수 있는 시간이 있기에 변화의 결과에 너무 염려하지 말아야 한다.

동물적인 외형의 성장보다 내면의 아름다움을 추구하는 성숙의 필요성은 물론이거니와 가치의 추구를 위하여 용기가 필요하다는 것을 항상 기억하여야 한다. 어디까지나 어려운 상황을 역전시킬 수 있는 극적인 기회는 위기에서 비롯된다.

가진 것이 별로 없고 잃을 것이 적은 패기의 젊은 세대들에게는 변화가 필요하다. 까닭에 좋은 기회를 놓치고 싶지 않으면 오히려 그 자신이 적극적으로 변화를 만들어 가고 주어진 운명에 도전하여야 한다.

10.3 동기 부여의 방법

요즘 세대는 활자보다 영상에 익숙한 것 같다. 손바닥 안의 스마트폰으로 세상과 소통하며 지식과 경험을 습득하는 경향으로 흐르고 있다. '그런 젊은 친구들에게 깊은 사고를 하려면 어려운 책을 읽는 훈련을 해야 한다'고 말하면 시대에 뒤떨어진 사람 취급을 받을 것이다. 그러나 읽는 것과 보는 것은 차이가 있다.

책은 자기 주체적으로 생각하게 만든다. 언어 구사력과 생각 능력을 높여 준다. 인생에서 독서 경험은 망루의 높이와 같다. 망루가 높을수록 멀리 볼 수 있고 또 먼 장래에 대비할 수 있기 때문이다.

수많은 연구 결과에 의하면 비디오나 영화를 보는 것보다 독서를 하는 것이 더 풍부한 상상을 할 수 있다고 한다. 상상력은 창의력으로 이어진다. 특히 청년들이 독서를 하는 경우 성인들보다 훨씬 더 그렇다는 것이 밝혀졌다. 뿐만 아니라 독서를 하면 글의 틀이 몸에 배고 집중력이 향상 되며 글쓰기에도 자신감이 생긴다. 그러므로 청년들의 참된 가치관과 그것을 실현하고자 하는 동기 부여로 독서보다 좋은 것은 없다.

'개점 40주년(2021). 단일 면적으로 세계 최대 수준인 매장 면적 8,598㎡. 1,000만 명이 넘는 회원. 40년 동안 판매한 책의 부수 6억여 권.'

1981년 교보문고 광화문점을 세운 고(故) 신용호 교보생명 창립자가 일궈낸 것들이다. 그는 주위의 반대를 무릅쓰고 40년 전 오늘 교보문고 광화문점의 문을 열었다. 어린 시절 어머니가 쥐어 준 링컨 전기를 너덜너덜해질 때까지 읽고 또 읽었던 그는 청소년들이 책으로 꿈을 꾸고, 그 꿈을 이룰 수 있도록 하자는 생각에서 교보문고 설립을 결심했다.

"사람은 책을 만들고 책은 사람을 만든다"는 그의 말에 교보문고 설립 취지가 고스란히 담겨 있다. 오늘 날 야망을 가진 청년들이 가슴 깊이 새겨야 할 명언이라고 생각한다.

세계적인 미래학자 다니엘 핑크는 그의 저서 〈드라이브〉에서 동기를 1.0, 2.0, 3.0으로 분류해서 이야기한다.

동기 1.0은 원시 시대의 운영체제로서 배고픔, 졸림 등 생물학적인 첫 번째 욕구이다.

동기 2.0은 산업시대의 운영체제로서 보상을 추구하고 처벌을 피하고자 하는 두 번째 욕구를 의미한다. 동기 2.0은 최근에 이르기까지 지속되었으나, 다니엘 핑크는 이와 같은 동기 부여 방식에 의문을 제기한다.

지난 20세기에는 전통적인 당근과 채찍의 방식이 성공적인 결과를 이끌어 낼 수 있었지만, 4차 산업 시대가 요구하는 창의성과 문제 해결 등 미래 핵심 역량을 갖춘 인재들이 필요한 오늘날에는 오히려 잘못된 방식이 될 수 있다는 것이다.

동기 2.0의 한계는 마이크로소프트가 막대한 예산을 쏟아부어 만든 백과사전 엔카르타가 10년의 도전에도 불구하고 실패한 데서 극명하게 드러났다. 반면, 아무런 보상도 없이 자발적 참여자들이 만들어가는 백과사전 위키피디아는 전 세계 260개 국 언어로 만들어지는 대성공을 거두고 있다.

당근과 채찍으로 표상되는 동기 2.0의 관점으로는 도저히 이해하기 힘든 일이겠지만, 우리가 살아가고 있는 이 시대는 그런 시대가 되어버렸다. 전 세계 웹 서버의 52%는 무료 공개 소스 소프트웨어인 아파치가 깔려 있는 상황인 것이다.

그렇다면 이와 같은 새로운 패러다임은 어떻게 가능한 것일까? 다니엘 핑크는 창조적 가인을 자발적으로 드라이브하게 하려면 사람들 누구나 가지고 있는 동기 3.0, 즉 '내재 욕구'에 주목해야 한다고 강조한다. 물론 단순하고 명확한 작업을 수행할 때는 보상이 위력을 발휘하지만 창의적인 접근이 필요한 문제에 있어서는 효과를 내지 못하며, 오히려 자기 주도적으로 참여할 수 있는 내재 동기를 마련해 주는 것이 훨씬 효과적이라는 것이다.

다니엘 핑크는 자발적 동기 부여를 위해서는 자율성, 숙련, 목적, 이 세 가지가 필요하다고 말한다.

첫째, 자율성에서는 사람들에게 자신이 하는 일, 일을 하는 시간, 함께하는 사람, 그리고 일을 하는 방식에서는 자유를 주어야 한다.

둘째, 숙련에서는 몰입할 수 있는 환경을 만들어 주는 것이 좋다. 숙련을 위해서는 자신의 능력이 무한히 향상될 수 있다고 믿는 마음가짐을 가지고 끊임없이 노력하고 실행하는 것이 필요하다.

셋째, 목적에서는 인간은 본성상 자신보다 위대하며 오래 지속되는 대의를 추구하는 성향이 있다는 것을 의미한다.

하지만 이 세 가지 속에 담긴 가장 큰 틀은 바로 자기 주도적인 자발적 동기 부여라는 개념이다.

러시아의 문호 막심 고리키는 "의무로 하는 일은 노예의 일과 같다"고 했다. 오늘날 우리 자녀들에게 진로를 강요하는 부모들이 가슴 깊이 새겨야 할 명언이라고 생각한다. 부모와의 힘겨루기 끝에 성취동기 없는 껍데기 삶을 살게 할 것인지, 아니면 창의적인 자기의 꿈을 좇으며 생명력 넘치는 삶을 살게 할 것인지는 부모가 결정해야 할 몫이다.

10.4 완벽한 공부법

고영성과 신영준은 그들의 저서 〈완벽한 공부법〉에서 동기 부여를 내재적 동기와 외재적 동기로 대별하여 설명하고 있다. 내재적 동기는 전형적으로 만족, 경쟁력, 흥미, 학습, 도전과 같이 한 개인이 강압 없이 스스로 원해서 행동에 참여하는 것을 말한다. 반면 외재적 동기는 한 개인이 칭찬, 성적, 특혜, 자격증, 물질적인 보상과 같은 외부적인 이유로 활동에 참여하는 것을 말한다.

실제로 장기적으로 봤을 때 어떤 목표를 성취하는 데는 외재적 동기보다는 내재적 동기가 훨씬 더 강력한 영향을 발휘한다. 좋은 성적을 받으려고 공부하고 단지 돈을 벌려고 일하는 사람보다 공부나 일 자체가 재미있어서 하는 사람이 더 높은 성과를 낼 수 있기 때문이다.

왜냐하면 외재적 보상에 의지하는 사람의 경우 성적이 낮게 나오거나 원하는 돈을 벌지 못하면 의욕이 상실될 가능성이 크지만, 공부나 일 자체를 좋아하는 사람은 상황의 변화와 관계없이 공부나 일을 꾸준히 하기 때문이다. 따라서 외재적 동기는 내재적 동기를 감소시키기도 하고 증가시키기도 한다는 것이다.

당신은 왜 공부하고 일하는가? 만약 동기 부여가 된 사람에게 이런 질문을 하면 내재적 동기와 외재적 동기가 혼재되어 있다는 사실을 알 수 있다. 예를 들어 이 책의 공저자 고영성의 동기를 살펴보면 다음과 같다.

> 1) 책을 쓰는 것은 고 작가에게 직업이다. 가장으로서 돈을 벌어야 한다.
> 2) 이 책이 실제로 공부하는 많은 학생과 직장인들에게 큰 도움이 되었으면 좋겠다.
> 3) 정말 좋은 책을 썼다고 작가로서 인정받고 싶다.
> 4) 여덟 번째 책 또한 베스트셀러라는 성적을 받았으면 좋겠다.
> 5) 책을 쓰는 것은 매우 도전적인 일이지만 책을 쓰는 과정에서 엄청난 성장이 있을 것이다.
> 6) 집필에 몰입할 때 행복감을 느낀다.
> 7) 책을 쓰려고 하는 독서는 깊은 독서를 유도해서 매우 유익하다고 생각한다.

고영성 작가가 책을 쓰는 동기 중 1), 3), 4)는 외재적 동기지만 2), 5), 6), 7)은 내재적 동기다. 내재적 동기와 외재적 동기가 혼합되었다는 것을 알 수 있으며, 고영성 작가는 외재적 동기가 내재적 동기를 훼손하는 느낌을 전혀 받지 못했다.

그렇다면 이상하다. 왜 외재적 동기는 내재적 동기를 감소시키기도 하고 좋은 시너지를 내기도 할까? 외재적 보상이 단순히 과제를 수행했다는 사실 자체로 주어질 때는 내재적 동기에 부정적 영향을 줄 가능성이 크지만 '성장'의 증거로 주어진다면 내재적 동기가 오히려 더 올라갈 수 있다. 그래서 학교에서 1등상이나 우등상을 주기보다 개인 최고 기록상, 성장상 같은 보상 체계를 구축하는 것이 더 효과적이라고 말한다.

여기서 자신이 성장하고 능력이 향상되었다고 느끼는 것이 매우 중요하다. 만약에 외재적 보상으로 자신의 능력 향상을 느끼고 자신의 잠재력에 대해 기대감을 품게 된다면 외재적 보상이 사라진 다음이라 할지라도 동기 부여가 지속될 가능성이 커진다.

왜냐하면 한두 번의 외재적 보상 기대, 성장형 사고방식, 자기 효능감 등을 선물할 수도 있기 때문이다. 이런 것들은 매우 강력한 내재적 동기를 수반한다. 물론 그럼에도 불구하고 공부를 하거나 일을 할 때 장기적 관점에서는 내재적 동기를 불러일으키는 것이 더 중요함을 잊지 말아야 한다.

10.5 일할 동기가 우러나지 않는 것은 삶의 지표를 잃은 것

우리가 일을 미루는 이유는 무엇일까? 일할 동기를 찾지 못했기 때문이다. 동기를 잃은 것은 등대의 불빛을 잃은 배이고, 목적지를 잃은 표류와 같다. 그것은 지표 없는 삶이다.

처음 꿈을 이루려고 노력할 때는 마음속에 목표가 있었지만, 지쳤기 때문에, 너무 열심히 일했기 때문에 본래 목적을 잊게 될 수 있다. 불꽃같은 열정이 사라졌을 수 있다. 지치면 누구나 그렇게 된다.

이런 때는 일할 동기, 즉 삶의 역동성을 만들 수 있는 방법을 찾아야 한다. 일부러 시간을 내서 당신의 단기, 중기, 장기 목표를 다시 점검하여 당신이 이토록 열심히 일하고 있는 이유를 다시 상기해 볼 필요가 있다. 처음에 품었던 열정을 되살리고, 시작할 때의 흥분을 되새기는데 도움이 될 수 있다.

동기 부여가 '일회성 사건'이라는 잘못된 생각을 가진 사람들이 많은 것 같다. 동기 부여 프로그램을 오디오로 듣거나 책을 한 권 읽으면 동기가 부여되고 그 상태가 유지될 거라고 생각한다. 딱 하루 몸에 좋은 식사를 한다고 체중이 유지되는 것이 아니듯 그런 방법으로는 동기 부여를 유지하기 어렵다.

동기 부여는 꿈을 이루고자 하는 근원적인 에너지이다. 동기 부여가 수단이라면 꿈은 목적이다. 즉 불굴의 동기 부여의 힘은 확고한 목표를 가진 꿈이 전제되어야 한다. 당신의 마음과 영혼에 시간과 에너지를 투자할 꿈은 강한 동기 부여를 만들어 낼 것이다.

일상에서 동기 부여의 의지와 에너지가 박약해진다고 느낄 때는 친구와 식사를 함께하며 의견과 생각, 충고를 구하며 대화를 나누는 것도 좋다. 당신의 일상 바깥에 있는 사람이 보다 객관적인 시각으로 충고를 줄 수도 있기 때문이다.

긴장감이 떨어질 때 힘이 나게 해 줄 사람, 다시 의욕을 일으켜 줄 수 있는 수다를 떨 사람, 미소를 지으며 '넌 이걸 할 수 있어, 너도 알잖아'라고 말해 줄 사람이 필요할 수도 있다.

한 가지 주의할 것은 친구를 잘 가려서 만나야 한다는 점이다. 당신을 깎아 내리고 당신의 아이디어가 어처구니없다고 말하는 사람이 아닌, 격려해 주는 사람을 만나야 한다.

당신을 로켓처럼 날아가게 해줄 연료를 구하는 노력을 해보자. 당신의 동기 부여를 유지해 줄 수 있는 에너지가 무엇인가? 영화를 보든, 하이킹을 하든, 몇 년 전에 읽었던 동기 부여에 관한 책을 읽든, 당신에게 맞는 것이면 된다.

혹은 정원 일, 한동안 손대지 않았던 그림의 완성일 수도 있다. 유튜브에서 영감을 주는 스피치 영상들을 찾아 매일 보는 것도 힘이 될 수 있다. 당장 할 수 있는 간단한 일들은 얼마든지 있다.

일상이 단조롭고 지겨워진 매너리즘일 수도 있다. 그러니 뭔가 기분의 전환과 새로운 일의 동인으로 정체된 상태를 해소해야 한다. 예를 들어 등산동호회에 가입하고 싶다는 생각을 늘 했다면 오늘 당장 가입하는 게 좋다.

새로운 것을 시도하는 행동만으로 생각에 자극이 되고, 새로운 사람들을 만나서 기쁨과 꼭 필요했던 변화를 얻게 될 수 있다. 그러니 늘 하고 싶었지만 한 번도 해보지 않은 일을 생각해 내서 그게 실현되려면 다음 단계로 무엇을 해야 할지 알아보는 게 좋다.

마스터마인드 그룹이라는 개념이 있다. 1940년대에 나폴레온 힐의 책 〈생각하라 그러면 부자가 되리라〉에 처음 등장한 후 유명해진 단어다.

이것은 소규모 그룹으로서 목적은 그룹의 모든 사람들이 서로서로 도와주는 것이다. 마스터마인드 그룹 대부분은 한 달에 한 번씩 모이고 서로에게 충고와 도움을 요청한다. 그러니 기존의 마스터마인드 그룹에 가입하거나 당신의 그룹을 새로 시작할 수 있다. 만약 당신이 매너리즘에 빠져 있다면 의욕적인 사람들을 만나라. 그러면 당신의 동기 부여 수준도 올라가게 되며, 당신은 격려와 도움을 받게 된다.

10.6 자조(自助), 호조(互助), 천조(天助)

성공을 원하는 사람은 세상을 살면서 꼭 받아야 할 세 가지 도움이 있다.

첫째는 자조(스스로 도움)이다. 이는 스스로 자기를 돕는 것이다.

스스로 자기 인생에 유익하고 도움이 되도록 근면 성실히 생활하는 것을 의미한다.

둘째는 호조(서로 도움)이다. 이는 사람끼리 서로 돕는 것이다.

셋째는 천조(하늘의 도움)이다. 이는 땅에서 하늘의 도움을 받는 것이다.

우리가 삼조의 인생을 살려면 먼저 자조의 인생을 살아야 한다. 자조는 자기의 힘으로 자기의 삶을 유익하고 복되게 스스로 돕는 것이다.

새는 자기의 날개로 하늘을 난다. 나무는 자기의 뿌리로 하늘 높이 자란다. 자조는 남의 힘을 믿고 남의 힘에 의지해서 살려는 나약한 생활 방식이 아니라 자기 힘을 최대한 발휘하여 내 인생을 스스로 개발하고 키우며 살아가는 것이다.

다음엔 호조의 인생을 살아야 한다. 호조는 인간이 서로 도우며 더불어 살아가는 것이다. 인간은 세상에 태어날 때부터 서로 도와야만 살 수 있다. 인생이 진정 성공하고 행복한 삶을 사는 것은 나 자신의 힘만으로 이루어지는 것이 아니다. 인간은 서로 도와야 살 수 있는 것이 자연의 법칙이다.

이 세상에서 남의 도움 없이 스스로의 힘만으로 살아가는 사람은 한 사람도 없다. 어떤 형태로든지 남의 도움을 받고 도움을 베풀며 살아가는 것이 인생이다.

"하늘은 스스로 돕는 자를 돕는다."

"뜻이 있는 곳에 길이 있다."

"간절한 목표는 반드시 이루어진다."

이 격언들은 수많은 시련을 거쳐서 현대까지 이어져 내려온 말이며 인류와 더불어 영원한 진리이다. 다시 말하면 이 격언들은 자조 정신을 가진 사람들이 땅에서 하늘의 도움을 받게 되어 있다는 뜻이다. 이 세 가지 도움을 '인생의 삼조'라 하는데 이 삼조가 혼연일체가 될 때 삶의 힘이 생기고, 꿈과 희망을 성취하고, 인생의 큰일을 하게 된다.

성공의 첫걸음은 자조 정신에서 비롯된다. 꿈을 이루는 것을 성공이라 한다면, 꿈을 꾸어야하며, 그러면 그 꿈에 도달하기 위한 길을 찾게 될 것이다. 큰 꿈은 우리를 더 열심히 노력하게 만드는 역동성을 부여하기에 일단 꿈은 클수록 좋다.

원래 우리 집안의 계획은 내가 문경 중·고등학교를 마치고 대구로 가서 대학공부를 하게 되어 있었다. 그러나 내가 서울에서 공부하게 된 동기는 문경중학교 졸업 몇 달 전인 3학년 2학기 때 나이가 많으면 대학에 못 간다는 헛소문을 들었던 큰형은 나를 숭문고등학교 2학년에 월반 편입시켜서이다.

첫 여름 방학이 되어 내가 고향에 내려왔을 때 서울과 시골의 문화적 차이가 너무 크다는 충격을 받았고, 이 충격이 동기가 되어 큰 꿈을 가지게 되었다. 다시 말해 나는 이때 난생처음으로 막연했지만 나의 인생목표를 설정하게 되었던 것이다. 그 후 나는 이 큰 꿈을 평생 나의 좌우명으로 간직하고 살았다.

형이 나이가 많으면 대학에 못 간다는 헛소문을 사실로 믿었던 것에는 그만한 이유가 있었다. 내가 지금의 초등학교를 졸업하던 1952년에는 한국의 중학교 입시제도 정책은 국가 연합고사제도(1951~1953)가 시행되던 시기였다. 나의 국가시험성적은 상당히 좋았으나 문경중학교 입학성적은 별로 좋지 않았다. 나는 나보다 세 살 아래인 조카와 함께 만 9세에 초등학교에 입학했다. 그리고 그 당시 정부에서 일정한 나이 이상의 학생들한테는 초과

연령에 따라 점수를 삭감해서 중학교 입시에 반영하도록 했다. 많은 점수를 깎이고 중학교에 입학한 나의 처지를 몹시 안타깝게 생각한 것은 당사자인 나보다도 형이었다.

잠시 돌이켜보면 기억이 아득한 고교 시절에는 국어나 영어와 같은 인문학 계통의 과목보다 수학과 물리 등의 이공계 과목의 성적이 월등히 좋아 전기공학을 전공으로 대학생활을 시작하였다. 막상 전기공학과에 입학할 때까지는 몰랐지만, 대학에 진학하고 나서야 비로소 전기공학을 공부해서는 큰 사람이 될 수 없다는 결론에 도달하고 공부에 점차 의욕을 잃었다.

따라서 전기공학을 전공했던 2년 동안은 학교 수업은 의도적으로 하지 않고 인문, 사회, 역사, 철학, 환경 등 다양한 종류의 교양서적을 읽으며 아픈 청춘을 달랬다. 이 2년 동안 읽었던 교양서적의 양은 평생 동안 읽었던 교양서적보다 많았다고 생각한다. 결국 경제학과 재무관리로 전공을 바꾸고 한때 전기공학과를 전공했던 2년은 시간 낭비였다고 생각했다.

그러나 시간이 지남에 따라 그때 읽었던 교양서적은 일생 동안 내가 큰 꿈과 비전을 가지고 살아가게 한 동기가 되었다는 생각이 든다. 특히 내 인생에서 이 2년 동안 탐독했던 위인전은 망루의 높이와 같은 역할을 했다.

그들이 이 땅에서 살아가면서 남기고 간 발자국을 통해 나는 내 꿈과 비전을 일깨우게 되었고 최선을 다하는 삶을 사는 자극제가 되었기 때문이다. 숙달된 사냥꾼들이 발자국을 보고 실로 많은 것을 알아내는 것처럼 말이다. 망루가 높을수록 멀리 볼 수 있는 것처럼 누구나 교양서적을 탐독하면 자신의 먼 장래를 대비할 수 있는 힘의 원천이 된다고 생각한다.

나는 전공을 바꾼 후에도 여름 방학 때마다 동기 부여에 대한 서적과 시련을 극복하고 성공한 사람들의 자서전을 탐독했기 때문에 나의 꿈과 비전에 대한 초심은 변치 않았다고 생각한다. 따라서 나는 생각한 만큼 큰 성공은 못했어도 항상 꿈과 비전을 갖고 최선을 다했기에 내 살아온 인생에 대해서 후회는 없다.

10.7 성공의 첫걸음은 스스로 자기를 돕는 것

"청춘이여! 야망을 가져라"라는 윌리엄 스미스 클라크의 경구, 그리고 가수 최희준이 불러 대중의 사랑을 받은 〈하숙생〉의 주제가로 "빙글빙글 도는 의자 임자가 따로 있나, 앉으면 임자지"라는 가사가 1960년대 가난한 젊은이들에게 큰 인기가 있었다. 나 역시 이같이 평범한 삶의 가르침에 큰 자극을 받았고, 대학 때 비교적 구체적인 꿈과 비전을 소유하는 동기가 되었다.

스스로 돕지 않는 자는 다른 사람도, 하늘도 도울 수 없다.
마을에 물난리가 났다. 그런데 어떤 사람이 "난 여기 있을 거야, 하나님께서 구해 주실 거니까!"라며 버텼다. 수위가 점점 높아지자 보트가 그 사람에게 다가오더니 "올라타요!"하고 소리쳤다. 그런데 "일 없어요. 나는 하나님께서 구해 주신다고요!"라며 사양하는 것이었다. 이제 수위는 아주 높아져 그는 지붕 위로 올라가야 했다. 잠시 후 헬리콥터가 다가와서 그를 구출하려고 했다. 그런데도 싫다고 하였다. "일 없어요. 나는 하나님께서 구해 주신다고요!" 끝내 그는 물에 빠져 죽었다.

그가 잠시 후 천당 어귀에 이르자 그는 하나님께 항의했다.
"어째서 구해 주지 않으신 겁니까?"
하나님께서 대답하셨다.
"이런 딱한 사람아! 보트를 보내 주고, 헬리콥터를 보내 줬으면 됐지, 더 이상 어떻게 하라는 말인가!"

비유를 위해 꾸며낸 이 얘기는 사람이 스스로 자기를 돕지 않는 자는 다른 사람이나 하늘의 도움을 받을 수 없다는 것을 잘 설명하고 있다. 이 세상에 다른 사람과 하나님의 도움을 받지 않고 성공한 사람은 없다.

10.8 스트레스와 불안은 건강과 장수에 도움이 될 수 있다.

사람이 이 세상에 왔다가 남이 보기에 크든 작든 자기 나름대로의 큰 발자국을 남기고 가려면 큰 꿈과 비전이 있어야 한다. 문제는 큰 꿈과 비전에 도전하면 스트레스와 불안이 따르게 되어 있다는 것이다.

불안은 내부에서 오는 것이지만 스트레스는 외부에서 온다. 문제는 이들의 차이가 중요한 것이 아니라 누구나 스트레스와 불안이 만병의 근원이라고 믿기 때문에 이를 피하려 하는데 있다.

그러나 스트레스와 불안은 경우(특히 대학생들의 경우)에 따라 건강과 장수에 도움이 된다는 것을 기억할 필요가 있다.

영국 일간지 〈인디펜던트〉는 약간의 스트레스는 오히려 건강과 장수에 도움이 된다고 보도했다.

스트레스를 무조건 피하려고만 하지 말고 이용할 줄 알아야 한다. 인체가 약간의 스트레스는 신체의 자연적인 회복 메커니즘을 자극할 뿐만 아니라 활력을 주고 노화과정을 늦추기 때문이라는 거다.

미국 켄터키 대학과 캐나다 브리티시 컬럼비아 대학의 연구팀도 이미 같은 연구 결과를 내 놓은 적이 있다.

"짧은 시간 지속되는 스트레스는 초기 인류가 맹수를 만났을 때와 마찬가지로 인체를 긴장시켜 일시적으로 저항력을 강화 시키는 것으로 보인다"는 것이었다. 그렇기 때문에 다소 힘든 일이라도 긍정적인 사고를 갖고 다가서는 게 장수의 비결이라는 설명이다.

철학자 키에르케고르는 "부정적 감정 역시 욕망의 한 형태이며 따라서 생의 에너지다"라고 간파했다.

삶의 완성을 위해 불안은 필수 요소라는 것이다.

그는 인간이 불안하기 때문에 절망할 수도 있지만 불안하기 때문에 도약할 수 있는 것이라고 보았다. 키에르케고르의 이러한 예지는 한 러시아 과학자 동물실험 결과에서 간접적으로 입증되었다. 두 그룹이 시험 대상이었다.

첫째 그룹의 동물들에게는 어떤 위협 요소 없이 풍부한 음식과 상쾌한 공기, 안락한 환경이 주어졌다.

둘째 그룹에는 걱정과 기쁨이 공존하는 공간을 제공했다. 동물들은 초원에서 한가로이 놀다가 가끔 맹수의 습격을 받았을 때도 먹이를 얻기 위해서는 직접 노력해야 했다.

연구 결과 안락한 환경에서 살던 동물들이 훨씬 빨리 병들어 죽어 갔다. 바꿔 말하면 긴장과 불안, 노력을 요하는 환경에서 동물들의 건강과 장수가 보장되었던 것이다.

인간이라고 다를까? 불안이 도약으로 이끈 최근의 예가 바로 두바이(Dubai) 프로젝트이다. 국토의 90%가 사막이고 연평균 기온이 40~50도를 넘나드는 나라다. 왜 세계는 이곳을 주목하며 앞다투어 진출하려고 기를 쓰는가? 두바이에서 벌어지고 있는 사업들은 가히 상상을 초월한다.

초대형 실내 스키장, 사막 위에 골프장을 건설하는 한편 바다를 매립하여 면적을 21배나 늘리는 작업을 진행 중이다. 국왕 셰이크 모하메드는 말한다. 지금 벌어지고 있는 것은 내가 계약한 것의 10%에 불과하다. 그의 호언장담을 듣자니 앞으로 더 벌어질 사건들이 즐비한 게 틀림없다.

그렇다면 이 폭발적인 에너지는 어디에서 왔을까? 바로 한계에 있다. 한계가 경쟁력을 만들었다는 역설적인 말이다. 그 한계가 바로 50년 내 석유가 고갈된다는 사실적이고도 치명적인 불안이다. 상황이 비슷한 쿠웨이트가 돈을 쌓아 놓고 있는데 반해 두바이는 적극적으로 미래를 개척해 나가고 있는 것이다. 이처럼 미래에 대한 불안은 우리를 도약에로 이끈다.

불안은 위험한 상황에서 우리가 잘 대처할 수 있도록 돕는 정상적인 생존 반응이자 자연적인 반응인 것이다. 곧 어떠한 위기 시에도 나의 몸과 마음을 그 상황에 맞게 준비하도록 돕는 "필수 정보기"와 같은 것이다. 그러므로 큰 꿈과 비전에 도전함으로 발생할 수 있는 불안과 스트레스에서 도망치려고만 해서는 안 된다. 불안과 스트레스야 말로 삶에서 나를 지켜 주는 믿을 만한 방패인 것이다. 불안과 스트레스도 쓸모가 있다. 아니, 불안과 스트레스만큼 필수 요소인 것도 없다.

10.9 자발적 동기 부여에 대한 시

〈삶의 교시(敎示)〉
아프리카 세렝게티의 여명(黎明)에
톰슨가젤이 잠에서 눈을 뜬다.
정글의 사자보다 더 빠르게
못 달리면 먹힌다는 것 예감하여
역풍 가르며 본능적으로 질주한다.
새벽 푸른빛 깨어나는 그 숲에서
맹수의 제왕 사자가 깨어난다.
가젤보다 힘차게 역주(力走)하지 않으면
허기로 죽는 까닭 알고 있기에
온몸으로 해 뜨는 초원에서
가젤 앞지르는 야성(野性) 발동한다.
그대 또한 가젤이든, 사자이든
아침 해가 뜨기 전 삶의 처소에서
열중의 일념으로 목숨 걸고
역풍 속에서도 운명의 끈 팽팽히
삶의 업보(業報)라 늦출 수 없다.

- 〈엄창섭〉

주(註): 아래 글을 읽고 위의 시 〈삶의 교시〉를 다시 한 번 정독하시기 바랍니다.

세렝게티는 아프리카 탄자니아에서 가장 크고 오래된 국립공원으로 채식동물 톰슨가젤과 육식동물 사자를 비롯해서 수많은 동물과 식물들이 공존한다. 지금 이 공원은 그 나라의 관광산업의 가장 중요한 천연자원이다. 종의 다양성과 그 지역의 생태학 중요성의 결과로서 세렝게티 공원은 유네스코가 세계 유산의 하나로 지정한 곳이다.

이 세렝게티 공원에 서식하는 톰슨가젤은 노루와 비슷한 동물로 섬세하고 우아하며, 몸통이 좁고 길다. 네 다리는 가늘고 길다. 노루는 수컷만 뿔이 있는데, 여러 갈래의 모양을 하고 있다. 반면에 톰슨가젤은 암수가 모두 두 개의 뿔이 나는데, 하프 모양이다. 달리는 속도가 빠른 것으로 유명한 이 동물은 먹이와 계절의 변화에 따라 이동한다.

한없이 평화롭게만 다가오는 드넓은 초원(경기도의 4배)에는 보이지 않은 생존 경쟁이 치열하다. 아프리카 초원 다큐멘터리에 단골로 나오는 가젤과 사자의 관계도 마찬가지이다. 가젤은 사자에게 잡아먹히지 않기 위해서, 사자는 가젤을 잡아먹기 위해 이른 새벽부터 넓은 초원을 질주한다.

이들의 생존경쟁은 오늘날 우리 사회에서 사람들과 기업체들이 서로 행하는 치열한 생존경쟁을 잘 반영하고 있는 것 같다.

DREAM AND VISION
THAT YOUTH SHOULD HAVE
- heaven helps those who help themselves -

Read 〈Dream and Visions〉 for 30 minutes a day
Just try it for 10 days You will become more confident
in your dreams and visions.

Written by Suk Hi Kim
stevekim1942@gmail.com

About the Author

The author of this book, Dr. Kim Suk-Hi (김석희. 金碩熙) is an internationally known scholar and author. He has published research monographs, college textbooks, and peer-reviewed journal articles. According to an article by Allen Morrison and Andrew Ipken (Journal of International Business Studies, First Quarter, 1991, pp 143-153), he was among the top 26 international business researchers in the world during the 1980s. His practical-oriented articles have appeared in some top journals such as The Journal of International Business Studies, The Columbia Journal of World Business (now the journal of World Business), Management accounting (now Strategic Finance), the journal of financial education, and several others.

In addition, Dr. Kim was the founding editor of the two prestigious academic journals: Multinational Business Review (MBR: 1992-2002) and North Korean Review (NKR: 2005-2013). For eight years from 2005 to 2013 as the founder-editor of North Korean Review, he raised more than $100,000 for NKR and other academic activities about North Korea.

In 1992, Dr. Kim visited Yonsei University in Seoul, Korea as a Fulbright Scholar and taught international finance for graduate students. He has also held short-term teaching or research appointments at the University of Hawaii at Manoa, the Scott Airforce Base in Illinois, Central Michigan University, Eastern Michigan University, Fort Hays State University (in Hays, Kansas), Yonsei University in Korea, Fu Jung Catholic University in Taipei, Taiwan, and other institutions. In addition, he has served on editorial review board members for a considerable number of academic journals here in the United States and abroad.

Dr. Kim received the Distinguished Faculty Award from the University of Detroit Mercy in 2003, the Global Korea Award from Michigan State University in 2008, a 45 Years-of- Service Award from the University of Detroit Mercy in 2023, and other awards for excellence in teaching and research. He received his Ph.D. in Business Administration from Saint Louis University, his MBA from Pepperdine University, his Master of Arts in Economics from Yonsei University in Korea, and his Bachelor of Arts in Economics from Soongsil University in Korea. American missionaries founded Yonsei University on April 10, 1885 and Soongsil University on October 10, 1897.

Dr. Suk Hi Kim's family picture: From the left to the right
Do Sim Kim (mother: Homemaker)
Suk Hi Kim (father: Professor of Finance at the University of Detroit Mercy)
Kevin K Kim (second son: Associate Professor of Internal Medicine at the University of Michigan)
Keith E. Kim (third son: Service Delivery Leader at Merative Ann Arbor)
Kenneth A. Kim (first son: Associate Professor of Finance at the State University of New York at Buffalo)

* This is a family photo taken in Ann Arbor, Michigan, on June 27, 1999, when Kevin received his doctorate in medicine from the University of Michigan.

> Two Pieces of Advice for College Students and Social Novice

First. Have a rough idea about your dream and vision as soon as possible.

If you look back on your life 30 or 40 years from now on, you will find that those things you obtained during your college days shaped your entire life and career. College is often described as the best few years of your life. A heady time to learn and grow, to experience and experiment, and to "find yourself" and forge your future. In other words, your knowledge, work ethics, and life-time friends you attained during such a heady time will be with you during good times and bad times throughout your life. Even more importantly, nobody can take them away from you.

Second-1. Make your dream and vision concreate.

Those who are fluent in Korean should visit the Histories site (http://graphys.co.kr/index) and find ideas to embody your dreams and vision from personal essays, autobiographies, and character documentaries in your chosen field. This site aims to go beyond conventional, common storytelling and communicate with the public through three major values: "life stories, historical records, and news."

Second-2. Make your dream and vision concreate.

Those who are not fluent in Korean should read Chapters

7 of the book "Dream and Vision" written by Suk Hi Kim. This chapter tells you why you should focus on one thing and how to focus on one thing. In other words, this chapter emphasizes the importance of Focusing on One Thing by citing the two wise sayings "There is a saying about selection and concentration. Whatever it is, after choosing something you can do, you should concentrate and give it your all."---Author unknown---.

"For in his own heart a man makes his own way, but the LORD directs his paths." -〈Proverbs 16:9〉

| CONTENTS |

preface

Recommendations

thanks

Chapter 1 Dreams and Visions

Chapter 2 Parents' Dreams and Children's Dreams

Chapter 3 Success and Passion

Chapter 4 Ambition and Greed

Chapter 5 Lessons from the eight rises after the seven falls

Chapter 6 Knowledge Is Power

Chapter 7 Focusing on One Thing

Chapter 8 Longevity Is an Extended Opportunity

Chapter 9 Brain health : How to Build a Better Brain at Any Age

Chapter 10 The Power of Voluntary Motivation

| Preface |

The two most important words for youth living in the 21st century are dream and vision because they are the roots of success. If a dream is a future goal, a vision is a blueprint that continuously provides guidance in the process of achieving that goal. That is why people with clear dreams and visions do not fail.

So, what is the best way for young people to discover their clear dreams and visions? It is about discovering dreams and visions that are suitable for you by researching and analyzing actual cases that bridge the gap between theory and practice. In other words, this book contains secrets to success and methods to prevent failure derived from individual experiences.

If a person comes to this world and wants to leave a big footprint of his or her own, whether big or small in the eyes of others, shouldn't he live a life with big dreams and visions? In fact, big dreams and visions are inherent in every human being. It is inherent and must be awakened and developed. That is motivation.

Motivation is what awakens human potential (big dreams and visions) and stimulates people to do their best. Potential, whether in sports or arts, is not achieved automatically.

Therefore, if you do not make efforts to develop your potential from your youth, the success of your dream will inevitably be that much further away. If you don't walk today, you have to run tomorrow.

I would like to emphasize that the examples of people who failed because they could not overcome trials and the examples of people who succeeded because they overcame trials can serve as motivation for anyone to live with their big dreams and visions throughout their lives. This is because the footprints they left behind while living on this earth can awaken your own dreams and visions and serve as an incentive to live your best life.

Just as skilled hunters can find out a lot by looking at the tracks of animals. If you read this book and meditate for 30 minutes a day, your life's watchtower will grow higher, allowing you to see the rest of your journey further and prepare for the distant future. I believe that if anyone takes the time to read the experiences of people who obtained great achievements because they overcame trials, their original intention about their dreams and visions will not change. Then, even if they do not achieve as much success as they thought, they will have no regrets about the life they have lived as long as they do their best with dreams and visions.

I organized each chapter of 〈Dreams and Visions〉—up to

the first eight chapters— into a common format to facilitate readers understanding.

* To attract readers attention, one or two famous quotes related to that chapter were introduced at the beginning of each chapter. The power of a famous quote is powerful. Although wise sayings are simple and direct, they not only have a great influence on people, but they also become important data that determines the perspective of society. I hope that readers will awaken and develop the big dreams and visions inherent in the sayings included here and live a life that will leave their own big footprints in the world, whether big or small in the eyes of others.
* Real-life examples of failures related to each chapter title are included to encourage readers to think about the causes of failure for themselves.
* After introducing the failed example, the cause and solution for the failed example were introduced.
* In the next part, a successful example was introduced. There is no one in this world who succeeds without failing even once. Successful people are like flowers blooming at the foot of a mountain that overcome a long, dark tunnel by taking on challenge and challenge again without fear of trials and setbacks.
* After reading the famous sayings, examples of failure, causes and solutions for failure, and examples of success

related to each chapter, I introduced a poem to quietly savor. I recommend reading the poem a few times while remembering the following quote from Pavalo Neruda about the identity and purpose of poetry.

"Art and literature should not be satisfied with simply existing, but should become something indispensable to humans. Poetry should not be limited to an honest record of personal life. It must be a statement addressed to all mankind. The purpose of poetry is not confession but persuasion."

Recommendations

Recommendation 1

This book is a moving development book that covers the nagging title 〈Dreams and Visions〉, which I have read and heard a lot about, in an informative, interesting, and easy-to-understand manner. So, I dare to write a recommendation for all young people and their parents to read.

— Kim Ki-young(President of Kwangwoon University. Professor Emeritus at Yonsei University)

Recommendation 2

This book is a development book that introduces the secrets to success and ways to prevent failure by Professor Suk Hi Kim, who was born with a dirt spoon and earned a doctorate in the United States. If you want to speak German well, imitate the pronunciation of German people. If you want to become rich, imitate the habits of rich people. The same goes for success!

— Hwang Jun-seong (Soongsil University President . Professor of Economics)

Recommendation 3

This book presents the theme of dreams and visions as well as concrete action plans to make them come true. In this sense, it is a must-read that can be confidently recommended not only to young people preparing and planning their lives, but also to anyone who is wandering due to lack of dreams and visions.

— Doowon Lee(Vice President of International Affairs, Yonsei University. Professor of Economics)

Recommendation 4

This book is a development book written by a senior in life, thinking that the meaning of dreams, setting direction, and ways to overcome difficulties that he had found during his 60 years as a professor in the United States would be helpful to someone. This book writes without adding or subtracting the results of the author's own life experiences, theories, and specific examples. Therefore, I am confident that the author's honest advice will provide courage and inspiration to overcome difficulties to young men and women who want to complete life lessons and advance into a highly competitive society.

— Eom Chang-seop(Professor Emeritus at Kwandong University. Poet)

Thanks

Until this moment, I look back on the days I have lived with a grateful heart to God who allowed me to live, my beloved family, and everyone I have formed precious relationships with to lead a beautiful life together. Even today, I feel deeply moved by the small thing of being alive.

I received help from people around me in publishing and compiling this small book. In particular, this book would not have been published without the human help of the following few people.

Kee-young Kim (Member of the National Academy of Sciences of Korea), Jun-seong Hwang (President of Soongsil University), Doo-won Lee (Vice President of International Affairs at Yonsei University), Chang-seop Eom (Professor Emeritus at Catholic Kwan Dong University), Deok-byeong Kang (Minister of Team Korea), Tae-won Kim (Soongsil University and Yonsei University classmate), Mu-hee Kim (cousin) and Jin-sun Kim (nephew) are the people who gave practical advice and help to make it a good book.

Chapter 1
Dreams and Visions

"Before setting a goal in life, you must check the following four things. First, what you are really good at (talent). Second, what you really want to do (passion). Third, what society wants (demand). Fourth, the right confidence you have (Conscience)."
　　　　　　　　　　　　　　　　　　　－ 〈Franklin Cobias〉

"A person who has a clear purpose moves forward even on the most difficult path."
"A person without a purpose cannot move forward even on the smoothest path."　　　－ 〈Thomas Kyle Lyle〉

〈content of this chapter〉
1.1 Napoleon's Russian Expedition and Fall
1.2 To be successful, you must have your own dream and vision
1.3 Former US President Obama, a politician with a clear vision and dream
1.4 If you look at the trees, you cannot properly see the forest
1.5 Obama's secret to success is his dream of working for the community
1.6 Poem about dreams and visions

1.1 Napoleon's Russian Expedition and fall

The Russian Expedition refers to the war that occurred in 1812 when Napoleon, the Emperor of France, invaded the Russian Empire. The complete defeat of this war marked the beginning of Napoleon's downfall. Napoleon achieved successive victories in wars with Austria, Spain, Prussia (a kingdom located in a region in northern Germany at the time), and the Kingdom of Holland. And he then turned these countries into satellite states. However, Napoleon, who continued to win the war and was intoxicated with victory, also knew that Britain, with its absolutely superior naval power, could not be turned into a satellite country through war, so he declared a continental blockade as a means of economic pressure.

In order to completely subjugate Britain, Napoleon issued the Continental Blockade in 1806, forcing European countries to ban all trade with Britain. However, Russia, which maintained its economy through trade with Britain, ended up violating the Continental Blockade of 1810 when its right to survive was affected by this order.

This provided an excuse for Napoleon to attack Russia with a 600,000-strong army in 1812. As they retreated, the Russians set fire to the city and crops, preventing the French from touching them and fleeing deeper into the area. Although they did not get food, the French army, which did not fight the Russian army, easily occupied Moscow as expected. He predicted that Russia would surrender once Moscow was occupied, but Russia did not give up its will to fight. Then, the French army, which had not prepared to spend the winter in Russia, was eventually forced to retreat. The Russian army, waiting for this moment, chased after the withdrawing French army and attacked them, destroying them. After witnessing France's crushing defeat, European countries all rose up under the anti-Napoleonic banner. And Napoleon was eventually exiled to the island of Elba, a small island in the Mediterranean, after signing the so-called the Treaty of Fontainebleau (the treaty of surrender) on April 16, 1814.

From the above true story, we learn one lesson. Even in the same war, the reason Napoleon failed in the Russian expedition was because he did not have a clear goal and vision. Napoleon's first mistake was the illusion that the capture of Moscow meant the victory of the Russian expedition (abstract goal and direction). Napoleon's second mistake was believing that he could easily subdue Russia with a superior army of 600,000 (a futile effort). Napoleon was confident that he had a clear goal (dream), specific direction (vision), and hard work (600,000 well-trained troops), he seemed confident that the Russian expedition would be successful. Napoleon's goal in the Russian expedition was to capture Moscow rather than to surrender Russia. Napoleon's famous aides predicted that surrender would be impossible because Russia was a large country and the continental blockade was an issue that determined Russia's right to survive, and requested that the Russian expedition be withdrawn. However, Napoleon, intoxicated with continued victories, ignored the suggestions of his aides.

For example, to successfully reach your desired destination

by bicycle, clear direction and effort must be made simultaneously. The reason we pedal hard is to power the rear wheels and make them run faster. However, no matter how fast you run, you cannot reach your destination if you are heading in the wrong direction. You must set the direction right with the front wheels to reach your desired destination. If we compare life to a bicycle, the front wheel is your dream and vision, and the back wheel is your efforts.

1.2 To be successful, you must have your own dream and your own vision

A wise leader does not necessarily follow the path that is good for him because "what is good for oneself is not necessarily good for the organization to which one belongs." The most important thing is to set the right goals and directions that fit the organization's situation and environment. In particular, setting correct goals and directions is even more important for people in leadership positions in a country because the fate of the country depends on one leader.

The goal here is a dream and the direction setting is a vision. What is more important in life? Is its effort and passion, or goal and direction? All are important, but goals and direction are more important. People without goals just wander around in life. No matter how hard you work, if the direction is wrong, it will be in vain. And a vision without a dream is lifeless. In other words, if you know what you desperately want, you can come up with a specific blueprint.

However, if you don't know for sure what you want or only vaguely know what you want, you will be bound by that goal and it will be even more difficult to know what you want. A vision without a dream is nothing more than a shell, and a dream without a specific vision and implementation is nothing more than an illusion.

Dreams are static, visions are dynamic. A dream is your own happiness, and a vision is the happiness of the world. Therefore, in his book ⟨Dreams Beyond Dreams⟩, Ko Do-won says, "If you have a dream, you will be happy. If you have a dream beyond your dream, you will become great." Beyond dream's dream are, in a sense, like visions. For a person to come to this world and leave a big mark of his own on the pages of history, he must have a great vision to work hard for the country and human society. This vision is far from setting high goals to achieve one's own greed or fame, as we often think. Vision is knowing who you are, where you are going, and what will guide that journey. A vision is an enduring thing that provides constant guidance in the process of achieving a dream or goal.

One way to distinguish between goals and vision is to ask the following questions: The goal ends when it is achieved. However, a vision provides a clear direction for future actions and helps you set new goals. Many people only have goals and no vision. In that case, once the goal is achieved, everything ends. Therefore, it can be said that a person with a great vision has the potential to become great, as Ko Do-won said.

In order to maintain lasting happiness, you must have a vision. A dream makes us feel happy only when we achieve that dream, but a vision goes beyond a dream and makes us feel happy in the process of pursuing a dream. That's why happy people have a vision and constantly strive to put it into practice. However, there are some things to keep in mind. Comparing yourself to others is prohibited. Because my competitor is no one but myself. If we compare ourselves to others and focus our lives on relative evaluations, everyone, except for a few, will end up being losers or failures. Therefore, if you do your best in your work, taking into account each person's situation and abilities, you will become number one. I can feel happy when I compare my current self with my past self and think about how far I have come towards my dream beyond my dreams. In other words, what I like and what suits me is important. Rather than imitating others or unconditionally accepting what others do, the key to success is setting goals and directions that suit you. This is because if there is something you feel like you are good at and really want to do, you feel excited about it, and you achieve the greatest results when you do whatever you do with excitement.

After all, everyone has a dream that they want to achieve. Therefore, we must discover our dreams and vision as early as possible. That way we don't waste time and reach our goal. This is because you can live a fruitful life by focusing. But not everyone's dreams come true. There are eight rules that can help us achieve our dreams.

> 1) Start anew with the thought, "I can do it too."
> 2) Align our goals with our wishes.
> 3) Get rid of pessimistic and negative thoughts.
> 4) Repeat positive words every day.
> 5) We always have the mindset to pay and take responsibility for what we say and do.
> 6) Even when difficulties arise, do not get discouraged or give up.
> 7) Thank you for everything.
> 8) Have big dreams in life.

1.3 Former US President Obama, a politician with a clear vision and dream

Considering all circumstances, the 44th (2009-2017) President of the United States, Barack Obama, was in a position to become an outcast. Obama, who has the African name Barack, meaning the grace of God, was born in 1961 to a black father from Kenya (Barack Obama Sr.) and a white American mother (Anne Dunham) who were studying together at the University of Hawaii. When she married a black man from Kenya, half of the states in the U.S. ruled that mixed-race marriages were illegal. However, after studying abroad in Hawaii on a scholarship from the Kenyan government and giving birth to Obama, he separated from his wife when his son was 2 years old and went to Harvard. After receiving his doctorate there, he married another American and returned to Kenya. He rose to a high-ranking position where he could meet directly with the president, led the construction of Kenya, a new country independent from Britain, and enjoyed wealth and fame. He only saw his son Obama once before he died in a car accident in 1982.

Meanwhile, her mother, Dunham, remarried Lolo Sue Toro, an Indonesian student attending the University of Hawaii, in 1965. After Indonesia's military dictator Sahara Toro came to power in 1967, all Indonesian students studying abroad were recalled to their home country, and Dunham and his stepfather Sue Toro's family also moved to Indonesia. Obama went back and forth between Hawaii and Indonesia from the age of 6 to 10. She earned a bachelor's, master's, and doctoral degree in anthropology. Since Obama was 10 years old, she left him in the care of her parents and traveled around the world to conduct anthropological research.

Obama became a millionaire with two autobiograp -hies. Unlike other autobiographies that record their life process, he presented his dreams and visions at the same time and put them into practice in these two autobiographies. His first autobiography, 〈Dreams from My Father〉, was offered for publication in 1990 when Obama was elected editor-in- chief of the Harvard Law Review, the most prestigious academic journal in American law, while he was a student at Harvard Law School. This book was published in 1995 when Obama was in preparation for the Illinois State Assembly election.

This book is composed of three parts, with Part 1 covering his childhood up to college, Part 2 covering his days as a civil rights activist in Chicago, and Part 3 covering his trip to Kenya to find his family's roots. It depicts the process of overcoming identity confusion as a black person and understanding the past of one's ancestors. In 2011, it was included in the top 100 English nonfiction books since 1923 by Time magazine.

In the book, Obama says that his father left his family to build a new country, and not only did he go back and forth between Hawaii and Indonesia for six years with his mother, who remarried, but even his mother left him to pursue anthropological research since he was 10 years old. Obama, who suffered from confusion about his identity and a sense of inferiority as a black man, confessed that he once indulged in alcohol, cigarettes, and drugs. However, as he becomes a college student, he realizes that the problem of black people is not just his story, but a social structural problem, and after a long struggle with identity, he discovers the concept of community. Obama, who graduated from Columbia University, began his life as a community activist in Chicago in 1985, creating jobs for the underprivileged and building rental housing for workers.

He entered Harvard Law School in 1988 and became the first black person to become editor-in-chief of the Harvard Law Review. Upon graduation three years later, he declined an offer to hire him as a lawyer from a large law firm and returned to Chicago to work as a human rights lawyer. Instead of trying to become a lawyer who only pursues money, fame, and stability, he decided to do what he really wanted to do, something that made his heart beat.

As the old saying goes, "Where there is a will, there is a way," we believe that the first step to success is a dream. It is best to set your life goals as early as possible because everyone must have a dream in order to begin to see the path to reach that dream.

In other words, Barack Obama, who has emerged as a leader who symbolizes hope to people around the world, is a person who created something from nothing. A mixed-race boy born to a black Kenyan father and a white American mother, his parents' subsequent divorce, and wandering as a teenager with no interest in studying, all that surrounded Obama was an unfavorable environment. The person who gave Obama the greatest strength in overcoming his natural circumstances and becoming President of the United States was his mother, Dunham.

His mother said to Obama, "You resemble your father in brain, personality, and even eyebrows." However, his father, Barack I, abandoned his family immediately after his marriage and left to pursue his own dreams. Although Obama inherited his father's DNA, today's Obama probably would not have existed if it were not for his mother's passion for education.

One day, his mother said to her son, "you shouldn't live like this". She said that great people have dreams and work toward those dreams and become great people. Obama looked back on his life and started living a new life again. From then on, Obama became a study bug! It only happened towards the end of high school. Obama, who entered an ordinary Occidental University, studied hard and transferred to Columbia University in his second year. He was later accepted to Harvard Law School, where he became the first black editor-in-chief of the famous school journal 〈Harvard Law Review〉, something that had never happened in Harvard's 104-year history.

The most important time in one's life is when she or he was in college or a beginner in society. Because when you look back on your life 30 or 40 years from now, you will realize that what you gained in college shaped your entire life and career.

College is often described as the hardest yet best years of one's life. It is a fun time to learn and grow, to experience and experiment, to "find yourself" and create your future. In other words, the knowledge, work ethic, and lifelong friends you gain during those difficult times will stay with you through the good and bad times in life. More importantly, no one can take it away from you.

Obama's second autobiography was published in 2006 with his participation in the presidential race in mind. It was translated and published in Korea in 2007 and became very popular with Korean politicians. It was the most borrowed from the National Assembly Library between May 2008 and April 2009.

The secret to this book's popularity is clear. Obama emerged as a leading presidential candidate just two years after being first elected to the U.S. Senate in 2004, won the 2008 presidential election, and was inaugurated as the 44th president of the United States. From a politician's perspective, Obama is an example of rapid growth that could not be better. As a politician, you can't help but be curious about the secret. In this book, we can discover that the bigger the dream, the better. Big dreams give us the dynamism to work harder, so the bigger the dream, the better.

This book is an autobiography that contains Obama's political ideals and pledges four months before he became a presidential candidate. Through this book, Obama discusses America's political reality and problems, education issues, the need to reform the consciousness of Americans who have a dull concept of energy, problems with the development of alternative energy, health insurance issues, and labor, religion, family, diplomacy, and national defense. It provides a detailed analysis of the current situation in the United States across all areas, such as racial discrimination and presents Obama's own beliefs, future plans, and alternatives.

The content is divided into 9 chapters, and each chapter expresses one's own beliefs about the Republican Party and the Democratic Party, value systems, the Constitution, politics, opportunity, faith, race, the world beyond borders, and family. In the midst of the confrontation between the Republican Party and the Democratic Party, which is the most important issue in American political reality, Obama showed the sincerity of a politician who adheres to what his Democratic Party pursues, while learning what he can from the Republican Party and compromising where he needs to compromise. In addition, in the area of balance between family and work, which is the most important thing in modern people's lives, it is a way to show voters and the opposing party how much you are trying to maintain that balance and how much you value it. He is honest about whether this is not a strategy but something he wants to do.

In summary, although he grew up in a complicated family environment, he overcame a long struggle with his self and became a leader who symbolized hope to people around the world. We can summarize the reasons as follows. The rest of our life's journey is like a maiden voyage. The journey of a person with a dream is a voyage, while the journey of a person without a dream is drifting. What is the difference between sailing and drifting? It is the difference between destination, route, and direction.

Sailing means going in the correct direction along the route to your destination, but drifting means leaving the route and going in the wrong direction. The voyage of our lives must have a clear purpose and direction. You must follow the correct route. When we do not deviate to the left or right, but follow the coordinates we have carefully prepared in advance, we can live a life where we sail toward our goals instead of drifting.

1.4 If you look at any problems through the trees, you cannot see the forest properly

On January 25, 2019, President Moon Jae-in said, "If you only look at all problems through the trees, you cannot see the forest properly, so I ask you to look at the economy from a higher perspective, too, from a distance." A luncheon was held at the Blue House by inviting the chairs of the regional committees. President Moon said this at a meeting with local chairmen outside the National Assembly. While President Moon talked about not looking at the economic situation from a narrow perspective, he recalled his past memories of studying for the civil service exam in Harnam, Jeollanam-do, a village at the end of the country. The President explained that by just looking at Harnam, you cannot tell that Harnam is the end of the land, but when you climb the mountain, you can finally see that it is the end of the land.

I believe that if you take your time and check each one by one and encounter the trees and forests, you will soon discover that the trees and forests are inside you. However, the myopic attitude of seeing only the trees and not the forest tends to lead to misfortune. For example, if inter-Korean relations had been handled from an extreme conservatism or extreme liberalism, Korea would not have become the prosperous and strong country it is today based on democracy. Therefore, it seems wise to view national and international issues as a forest far away rather than the trees nearby.

The United States supported peace and economic development in impoverished Korea through large-scale military, economic, and technological aid and missionary activities, while North Korea inhumanely committed large-scale provocations against South Korea, heightening tensions of war not only on the Korean Peninsula but also in Northeast Asia. Looking at inter-Korean relations since the Korean War until now is like watching a war movie over and over again. North Korea has continued to develop weapons of mass destruction and provocations against South Korea for more than 60 years and continues to this day. At every critical point of the crisis, South Korea and the United States responded to North Korea with demonstrations of force, economic sanctions, and strong warnings. What is the reason that South Korea and the United States responded to North Korea's aggressive provocations in a passive way rather than retaliating?

The answer must be found in former U.S. Secretary of State Hillary Clinton's statement in an interview with a newspaper when she visited Korea: "Rather than viewing North Korea as a tree, we should look at it from the perspective of a forest." If we view North Korea as a tree, it seems that the United States can easily solve the problem of North Korea's denuclearization, but unless we are prepared for World War III because of China and Russia, we cannot help but agree with Clinton's statement that we have no choice but to view the North Korean problem as a forest.

1.5 Obama's secret to success is his dream of working for the community

Inevitably, in order to have the passion to explode with burning desire, ambition, and concentration for something, you must have the sense of community of 'togetherness.' First of all, we must always remember our affection for our family, hometown, and country. Whether it is studying, art, or exercise, if you think that someone must do something for your community, your heart will pound and your passion will overflow. Even without mentioning the social nature of humans as social animals, humans can never pursue valuable work that moves history alone, and they can never achieve great achievements. Therefore, we must all recognize our own situation, that is, our self-esteem, as noble beings with a special identity.

People value their blood ties. For this reason, connections are often questioned, such as 'whose descendants are they, what city are they citizens of, what country are they members of?' We are noble beings who have inherited responsibilities and obligations from these communities, including various debts, spiritual legacies, and expectations. Therefore, what is beneficial and not harmful to me must also be helpful and beneficial to the people in this role.

Surprisingly, the eyes of those who think that success is a dream of a community, a source of identity derived from their own firm beliefs, shine like stars. When setting up your own dream, if you think of it as a community dream, your spirit will be illuminated by the potential of explosives. As soon as the flame touches the detonator, the tremendous energy inherent in everyone will explode like an active volcano. We often see athletes who won gold medals at the Olympics say similar things in interviews with newspaper reporters. With the moving national anthem playing at the awards ceremony, I thought that I was practicing for my country and that I was dedicating my body to my country right before the Olympic finals. For a moment, surprisingly, my passion surged and I achieved results that exceeded my expectations. 'I won.'

Obama, who could have been a delinquent child considering all circumstances, becomes a college student and realizes that the black problem is not just his story, but a social structural problem, and after a long struggle with identity, he discovers the concept of community. Obama, who graduated from Columbia University, began his life as a community activist in Chicago in 1985, creating jobs for the underprivileged and building rental housing for workers. However, thinking that he could not solve bigger problems as a community activist, he published an autobiographical book containing his political ideals and pledges and put political problems and solutions into practice as a senator and president, thereby making him a leader symbolizing hope for people around the world.

The 2009 Nobel Peace Prize went to US President Barack Obama (48 years old). This is the result of being recognized for its contribution to international diplomacy and human cooperation. President Barack Obama began his term on January 20, 2009, and the final deadline to submit his nomination for the Nobel Peace Prize was February 1. In other words, rather than receiving the Nobel Peace Prize for his achievements over a period of 10 days, the reason for the award appears to have been his previous activities or the vision of international peace he presented as a presidential candidate. The Nobel Committee announced in a statement on October 9, 2009 that it particularly highly evaluated Obama's vision and achievements in denuclearization.

1.6 Poems about dreams and visions

⟨If you have a dream⟩
If you have a dream, you are happy.
Because there is hope!

If you have a dream, work hard.
Because you have a goal to achieve!

I take on challenges because I have a dream.
Because dreams without challenges are just delusions!

I work hard because I have a dream.
Because you cannot achieve your goals without effort!

I live powerfully because I have a dream.
Because I know the joy of achieving your dreams!

− Suk Hi Kim

⟨Vision⟩
Imagine vividly.
earnestly hope
Truly believe

And do it passionately.

Then anything will surely come to pass.
The key to realizing and achieving everything is goal setting.

75% of my success comes from goal setting.
Setting goals clearly
The target unleashes a mysterious power.

— Paul J. Meyer

Chapter 2
Parents' Dreams and Children's Dreams

In his book ⟨The Art of Testing⟩, Hyungjae Lee said that the five behaviors of parents that ruin their children's studies are as follows.
1. Children are not the ones to relieve their parents' resentment.
2. Inconsistency between parents' words and actions ruins their children's education.
3. Parents believe that their children cannot live without them.
4. Unconditional and excessive discipline increases children's rebellion.
5. Excessive pursuit of stability ignoring aptitude kills children's dreams.

⟨content of this chapter⟩
2.1 Parents' stray love for their children
2.2. A parent's greed can ruin a child's future
2.3 Find a dream and career path that matches your talents
2.4 The power of encouragement
2.5 Snowboarder Chloe Kim finds a dream and career path that matches her talent
2.6 A poem about true parents' dreams for their children

2.1 Parents' stray love for their children

A few years ago, all the news media covered a case in which a mother (B) and a school administrator (A) were arrested for stealing midterm exam questions to improve the grades of B's son, a high school senior. The mother, a doctor, reportedly committed this to send her son to medical school. The police station said, We booked without detention A and B, on charges of leaking third-year final exam questions (obstruction of work by hierarchy) first and later arrested them on July 30.

B created study materials on 4 sheets of A4 paper by extracting only the highly difficult questions focusing on subjects that her son found difficult from a copy of her test paper. B handed this study material to her son, saying it was her genealogy. B reportedly wanted her son (C) to go to medical school, but was worried because his grades were not good. A confessed, "When B asked me to leak the test papers, he refused several times, but he had no choice but to help her because of her poor circumstances."

This incident became known when the Office of Education filed a police report after receiving a report from the school that the final exam questions had been leaked. When C was to take the final exam, he gave some problems to his classmates to solve, and when the same questions appeared on the test, his classmates reported him to the school. As a result of the school's own investigation, it was revealed that A removed the final exam papers at B's request. The police believed that there were no charges against C and maintained his status as a reference. According to the investigation by the police station, there is some credibility to the fact that there are no charges against C. This is because he showed this 'past question' to his classmates ahead of the final exam.

2.2 Parents' greed can ruin a child's future

We learn one lesson from the above criminal acts. 'Parents greed' can ruin not only their own future but also their child's future. For example, let's think about early study abroad, which at one time may cause more harm than good due to failure to adapt due to parents' greed.

Until 2006, the age at which students left Korea to begin studying abroad became lower and lower, and more and more students left Korea to study in new environments. Interest in studying abroad in elementary, middle, and high schools has continued to increase as many parents of elementary, middle, and high school students seek to send their children to schools abroad, including the United States.

The funny thing is that the success stories of early study abroad are well known, advertised through agencies and used to attract other parents. However, the majority of failed cases were hidden because they were an embarrassment to the families, and were not noticed by study abroad agencies because they did not advertise the failure stories. So, the stories you hear around you are success stories, someone went and worked hard and succeeded. However, it is known that the actual failure rate of early study abroad is quite high. Among the biggest reasons why early study abroad fails, language problems and local adaptation problems are frequently pointed out in newspapers and from people's mouths. However, this reason for failure is absolutely a secondary issue, and in fact, it is said that the decisive factor in failure is the complete lack of "power to manage oneself well".

The reasons for sending young children abroad at an early age may vary from person to person, but they generally boil down to learning English. Unlike in the past, aren't there plenty of opportunities to learn English in Korea these days? Unless your child has a special talent for sports or art, there is an opinion that it is not too late to send your child abroad at an age when they have formed their own standards of value and have a sense of purpose for studying abroad, rather than unreasonably choosing to study abroad at a young age. Moreover, although their parents are married, the couple is a wild goose family that lives in and out of the country, and family breakdown caused by family discord and financial pressure has emerged as an important social problem.

According to statistics released by the Korea Educational Development Institute, the number of students studying abroad, including those in the United States, reached about 30,000 in 2006, but the number decreased every year, dropping to about 10,000 in 2015, and this trend appears to be continuing. The reason for the early study abroad trend is employment issues. After completing their studies in a foreign country, such as the United States, they try to find a job there, but most of them fail to adapt to the local environment because they are less competitive than the locals. Moreover, even after coming to Korea, there is a lack of school connections and the number of international students is not as rare as it used to be, so the background of early study abroad does not add much to one's resume. Human resources officials from major Korean companies expressed the local atmosphere, saying, "Nowadays, the days of receiving plus points for studying abroad are over. Unless you are at the Ivy League level, it will not help your resume."

2.3 Find a dream and career path that matches your talents

"Parents who raised their children brilliantly!" Behind world-renowned golfer Pak Se-ri and soccer player Son Heung-min, there was the hard-earned support of parents. This is what we sometimes see and hear when the media introduces the stories of successful people. Every time I see articles like this, my heart flutters. There is no parent who doesn't do that, and so do I. Because there is nothing more rewarding in the world than making a child succeed, sometimes parents force their children to pursue their dreams and call it a parent's love. No matter how good or great it is, it is not a child's dream.

In the near future, children will have to live independently from their parents, so while they are with their parents, parents have the duty and responsibility to educate them on the wisdom and lifestyle habits they need to live independently. In particular, an important lesson in the relationship between father and son is that the son takes after his father. In addition to school education, through conversation and action, adults must directly show children through experience how to behave in daily life, how to solve problems when they encounter them, and how to overcome difficulties. Parents must act as mentors by listening to their children. They are career awareness that occupation is important in human life in elementary school, career exploration to find out what jobs are available in middle school, and full-fledged preparation for a career in high school. It is good for parents to have many discussions with their children during the period of change from fantastic career alternatives to realistic career alternatives.

There are several reasons why it is best for parents to give advice when it comes to their children's dreams and careers. The first reason why parents should give advice to their children is because when parents instill the right dreams in their children, the children will be grateful and respect their parents, and the relationship between parents and children will become closer. The second reason is that no matter how much the parents depend on others, the child's career path is still under the influence of the parents. Conflicts are bound to arise when you try to influence your child's guidance without providing guidance. The third reason is that when it comes to dreams and careers, individual, flexible advice is needed depending on each child's level and situation. I don't want my unique talent and environment to be taken into consideration when I leave it to an outside party such as a school or academy. The fourth reason is that parents can advise their children's dreams and careers better than anyone else.

Why do we use the word advice here? Unlike school education where teachers teach and students learn, children should be able to take the lead in discovering and designing their dreams and careers. If something was made by someone else, motivation and passion cannot last. Therefore, parents should only play a helping role. Parental advice presupposes trust in the child. I believe that wise parental advice presupposes that the child already has the compass (talent) to find the destination on their own. Therefore, the level of intervention must be appropriately adjusted so that children can find and realize their dreams and journeys by observing, listening, supporting, and encouraging alongside their parents.

What is talent? Just because you majored in a certain field and learned a lot does not necessarily mean you are talented in that field. Even if you have a lot of experience and are good at it, you cannot be sure that you have talent in that field. One of the conditions for success and happiness is to do something related to your talents. There is a big difference in interest, fun, self-growth, and achievement in work if you do something related to your talent and if you do not. Potential talent has the following characteristics:

1) If you do something related to your talent, you feel like it suits me well.
2) You feel confident and excited.

3) The more you do it, the more fun it becomes and your skills improve.
4) You get to think of new ways and demonstrate creativity.
5) Once you miss it, you lose track of time.
6) Even if you work for a long time, you will not get tired and will remain motivated.

However, the students do not have the opportunity to receive accurate education about what talent is during our school days. Therefore, parents have a responsibility and obligation to advise and help their children discover dreams and careers that match their talents.

2.4 The power of encouragement

How about giving advice with encouragement? There is the following anecdote about Benjamin West, a world-famous American painter. One day, his mother left Benjamin's younger sister in charge and said, "Please watch your sister and the house carefully." After speaking, she went out for a while. Instead of taking care of the house and his younger sister, he painted his sister's portrait with paint. When his mother returned home, her house was a mess. However, his mother did not scold Benjamin a word, but instead held up the poor painting and praised him, saying, "This is definitely your younger sister," and kissed Benjamin's cheek. Benjamin later confessed that it was his mother's kiss that made him a world-class painter. In other words, it can be said that

Benjamin West's motivation to become a famous painter sprouted from his mother's recognition and encouragement of her son's potential. Encouragement is a really powerful thing.

This equally applies to our lives. We may think of encouragement as saying something nice to someone. If so, you don't know the lasting power of encouragement. Encouragement is one of the ways to shape not only our vitality but also our lives. It is said that on the night that U.S. President Abraham Lincoln was shot at Ford's Theater in 1865, he had a clipping of a newspaper article in his pocket that supported him and his policies. Everyone needs the power of encouragement. Even for great leaders like Lincoln. Therefore, there is no better way for parents to give advice to their children than encouragement.

2.5 Snowboarder Chloe Kim finds a dream and career path that matches her talent

Korean-American snowboarder Chloe Kim won gold in the women's half-five at the 2018 PyeongChang Winter Olympics. Snowboarder Chloe Kim won the women's halfpipe final at the competition held at Phoenix Snow Park in Pyeongchang in Korea on February 13, 2018 with her final score of 98.25 points. Chloe Kim is called a snowboarding genius, and she holds records such as being the youngest person to win the Winter Olympic games, and being the first female athlete to successfully complete three consecutive laps. Halfpipe is a sport in which athletes perform on a semi-cylindrical slope.

Before and after the Pyeongchang Winter Olympics, no athlete in the U.S., like Chloe Kim, was in the spotlight of the news media.

Chloe Kim became the Snow Queen in her parents' country and her success story has even resonated in American politics. U.S. Democratic Senator Dick Durbin emphasized that the success story of Chloe Kim, a second-generation Korean-American snowboarder who won a gold medal at the Pyeongchang Winter Olympics, is the story of American immigrants. He explained that Kim's family's story reminds him of many immigrants who did not bring much wealth to the United States and were often unfamiliar with English. He continued, "They came here solely with the determination to live a better life and to build a better country for all of us." At a Senate immigration reform debate, Senator Durbin criticized the Donald Trump administration's policy of suppressing immigration, mentioning Kim becoming the youngest gold medalist in the women's halfpipe Olympics in Pyeongchang.

Chloe Kim's father, Jongjin Kim, settled in Los Angeles in 1982 with only $800, dreaming of the American dream. After graduating from college, he stayed in the United States, working as an engineer, but was very poor. Chloe's family situation was difficult, and her father's devotion was tearful. She started snowboarding with her father at the age of four. Chole admitted that her development into the world-class athlete has to with her father's devoted support. Her father saw the potential for his daughter's development as she fell in love with the fun of snowboarding. Then he quit his job and went to the snowy mountains with her daughter. Mr. Kim drove Chloe Kim to the ski resort every day and brought her back.

When Chloe was 8, Kim took her on a skiing trip to Switzerland, where her relatives live. Kim and Chloe are said to have repeated the routine of leaving Geneva, where they were staying, at 4 a.m., training at Aporia, France, where the halfpipe facility is located, and returning home at 11 p.m. for two years. Because he did not have a car, he had to change trains twice. Chloe recalled that her time in Switzerland was where she developed her snowboarding skills the most. Even after returning to the United States at the age of 10, Kim was always with Chloe. On weekends, she left home at 1 am and made a round trip to Mammoth Mountain, a training ground about 400 km away. During the six hours her dad drove, her daughter slept into the wee hours of the morning in the backseat, and her dad repeated the routine with her napping in the car while her daughter did her training. Chloe Kim expressed her gratitude, saying, "If it weren't for her dad's dedication, she wouldn't have the glory she has now."

The owner of the SNS that became the most talked about topic at the 2018 Pyeongchang Winter Olympics was Chloe Kim (18 years old). The Associated Press reported, "When the Pyeongchang Olympics opened, Chloe Kim had about 15,000 Twitter followers. But after she won the gold medal, the number exceeded 285,000." Chloe Kim was the idol of boys around the world at this time. She was selected as one of Time's 30 most influential teenagers in the world in 2016, and one of the 100 most influential people in the world in 2018.

2.6 Poem about true parents' dreams for their children

⟨Mother's Lesson⟩
The wise mother of Korea
A child precious as her life opens her mouth
When she first begins to learn her language
She made the people aware of the Korean language, the Korean alphabet.
Seorabeol, the ancient capital of Silla for 1,000 years
The Han River, with its winding veins of 5,000 years of history
It teaches that it is the great river of the motherland.

The pure mother of this earth
She grew up a loving child
When you realize the meaning of blood and flesh
Korea is the name of the Korean peninsula.
The Taegeukgi (Korean national flag) is a symbol of the people.
The national anthem begins with the East Sea and Mt. Baekdu (highest mountain in Korea peninsula).
Teach her to become hoarse.

In one moment, everything collapsed
In the face of the tragic situation in our country
Pulling the anchor cord of the soul with bruised hands

Mother, even if I call your name softly
My heart sinks and hot tears well up.

"Son, don't be discouraged and get up again.
"Look at the vision," he said in such grief.
A dazzling voice that awakens the river of the century
towards infinite free space
Seagull attempting to take flight in white
The majestic sun rising brightly
A healthy morning is truly dawning on this land.

— Eom Chang-seop

Chapter 3
Success and passion

"The size of your success depends on the depth of your aspirations."

— 〈Peter Davis〉

"Dream your wildest dreams. Then you will live a passionate life."

— 〈Naporeon Hill〉

〈content of this chapter〉

3.1 Parents who force their children to study in a field they are not passionate about

3.2 What exactly does passion mean?

3.3 Passion is the power of life

3.4 Johnny Kim of Korean descent was selected as a NASA astronaut thanks to his passion

3.5 poem about passion

3.1 Parents who forced their children to study a field they are not passionate about

D, who studied at the same school as me at the same time in the United States, had a son and a daughter who were kind and good at studying, but he unilaterally decided their dreams and careers when they were in middle school. His daughter followed her father's wishes by going to college, studying accounting, and getting a good job after graduation.

He heard many times that his son's brains were superior to those of his peers, and his dream was to send his son to an Ivy League medical school and make him a famous doctor. The son, who was shy and quiet, was apparently following the entire process well, just as D had expected. However, during his senior year of high school, he wanted to go to art school in New York rather than pre-med school. D, who discovered for the first time in his life that his son's dreams were different from his own, was a little embarrassed, but ignored his son's dream and eventually enrolled his son in a pre-medical school at a good private university.

D, who thought his son was studying hard to get into an Ivy League medical school, would sometimes call me and brag about his son. But one day, a few years later, D called me in a very excited voice. When his son presented his pre-med diploma, he said that since he had spent four years studying what his father wanted, from now on he would go to New York to study what he wanted. D, who was very embarrassed, tried hard to stop him, but in the end, his son left for New York without his knowledge.

D, who was greatly disappointed, asked me the following three questions over the phone and let us think about them one by one.

(1) I want to try one more time to persuade my son to go to medical school with carrots and sticks. What do you think, Kim?
(2) My son's friends have already graduated from college and have jobs or have entered graduate school. Isn't it too late to start college life now to study art?
(3) My son says that the only field he is passionate about is art, but what exactly does passion mean?

3.2 What exactly does passion mean?

First, I told him to believe in the saying, "No parent can beat his child." There is a way to win a fight with your child. To do that, you must first cut off the affection. However, it is difficult for parents to do this because they have affection and obsession with their children. Children know that better than anyone else.

Second, "Doing it late is better than not doing it at all." I told him that this was the truth. It's fastest when you think it's too late. Life on this earth, a small paradise, is a one-time experience, so we must forget any more regrets about the words spoken, the opportunities missed, and the time wasted. Rather than regretting something that has already been done, you should start doing what you wanted to do today before it is too late. Because today is the youngest day of the rest of our life.

Third, I said that passion is not a vague expectation but an action. Sam Walt, founder of Walmart, said, "There are many people who run for success. However, many of them do not make it to the ladder of success because they don't have enough passion and just greed to move the train towards success."

Where there is no passion, there is no worthwhile life or business. Seeking and finding the truth requires the power of cool-headed reasoning, but what pushes it forward is passion. Without the passion to be faithful to the truth, even the power of reason cannot become clear.

3.3 Passion is the power of life

D's family went through all kinds of hardships through trial and error, but in the end, their son graduated from art school with excellent grades and got a good job. Like the Chinese idiom "Gojingamrae (苦盡甘來)" which means that happiness comes after hardship, D no longer has to worry about his children's future. Because rather than giving children fish (wealth), he taught them how to fish (wisdom) in the way they wanted. It goes without saying that the once harsh family environment due to the difference between the father and the son changed into an environment where the family could live in harmony.

Success depends on passion and talent. What is passion? Passion refers to the appearance and effort of working hard and sincerely toward something. Talent refers to an innate talent or ability. Talent is considered to be the germ of all kinds of possibilities, that is, various abilities that can be achieved in the future, from the moment all human beings are born into this world. In other words, the human mind and body already have the germ or foundation at the moment of birth that can become various kinds of abilities that education will form in the future. Therefore, if you can be passionate about your natural talent, your chances of success increase accordingly.

Of course, just because you are passionate about something doesn't mean you are necessarily good at it. You can learn to some extent, but your talent may not support it. The world is fair, so there are times when it gives laziness to talented people and does not give them passion. Conversely, there are cases where talent is not given to people who have diligence and passion. No matter how talented you are, over time, you tend not to be better than people with passion.

So, which comes first when it comes to success: talent or effort? Thomas Edison's saying, "Genius is 99% effort and 1% intelligence," implies that effort comes first. If anyone believes in their own intelligence and does not work hard, not only will there be no progress, but there is no possibility of hope at all. Therefore, no matter how great the trials we face, we should never forget that if we confidently take on new opportunities with courage and effort, the trials will not be obstacles, but will truly become a source of vitality.

If you have to choose a field of passion and a field of ability, the answer becomes clear if you consider the following quotes. "The winner is the one who devotes his body and soul to his work. The best fuel in the engine for success is passion. People are mostly successful in things they have infinite passion for. Time increases the wrinkles on the skin, but when passion is lost, the spirit withers. There is no example of anything great being achieved without passion. Passion equals genius."

For most people, when they become passionate about something, they have a desire to try it no matter how difficult it is. Desire does not simply refer to pleasure or lust, but 'it induces the power to commit something right now, that is, a sense of adventure.' Adventure becomes a noteworthy event in a person's history. Adventure motivates us to boldly venture into the unknown while predicting uncertain outcomes. Another interesting fact is that the etymology of adventure comes from the Latin word "to arrive."

Angela Duckworth, a psychologist and professor at the University of Pennsylvania who has received rave reviews from world leaders such as Barack Obama and Bill Gates, said in 〈Grit (original title GRIT)〉, translated and published in Korea in December 2016, that the key to success is not talent or genius. He claimed it was passion and perseverance. This book was selected as a bestseller, a must-read for management, and the best book of 2016, selling 10 million copies. Former U.S.

Treasury Secretary Lawrence Summers wrote in his recommendation of this book, "It is a tremendous book that should be considered a national treasure of the United States." This is a book that is recommended to be read by young people with ambition.

3.4 Korean Johnny Kim was selected as a NASA astronaut with passion

Johnny Kim (36), the first Korean-American to be selected as an astronaut for the National Aeronautics and Space Administration (NASA), said in a phone interview with the Dong-A Ilbo on January 14, 2020, "Many of my achievements are the result of the efforts and sacrifices of Korean-American immigrants." He said he was honored to be able to symbolize and represent the sacrifice and love of his parents' generation that made the American dream possible. The day before the interview, the 13th (January 13), was exactly 117 years since Koreans immigrated to the United States.

Johnny Kim was selected as one of 11 American astronauts to carry out the Artemis project to explore the Moon and Mars, overcoming a competition of 1,600 to 1. He is the first NASA astronaut whose parents are both Korean. He described the past two years of arduous astronaut training as a series of challenges. He said that as a former Navy SEAL, America's elite special force, he also went through considerable trials and setbacks to become an astronaut. In particular, the Outdoor Survival Leadership Program (National Outdoor Leadership

School) I participated in at Utah Canyonlands National Park in western Utah remains an unforgettable moment of pain. In this program, which challenges human limits by crossing deep rock crevices and passing through rocky canyons filled with cold and murky water, the program must overcome the murderous heat and cold of the desert, hunger, and fatigue. Johnny Kim believed that he "could accomplish anything with the help of his teammates as long as he got back up every time he fell." "Thanks to the encouragement of his wife and other family members, he was able to complete the course," he remembered.

Born in Los Angeles, California in 1984, he graduated from Santa Monica High School in 2002 and joined the Navy SEAL, a U.S. Naval Special Warfare unit. Although his family was strongly opposed, he said, "From the moment I first heard about Navy SEAL, I felt like I definitely wanted to do it." He continued, "What Korean mother would want her son or daughter to join the Navy instead of college? But this was my dream and no one could stop it, he added.

He was deployed to Iraq twice as a naval officer. He participated in over 100 battles as a special operations medic and received the Silver Star and Bronze Star for military service. After the war, he decided to enter medical school at Harvard University. The trigger was the death of his colleague, whom he witnessed in Ramadi, Iraq, in 2006. "His close colleague was shot in the face. He felt helpless and limited in his abilities as a medic. The sight of a field hospital doctor trying to save his colleague at the time was a stimulus. He wanted to help people and make a positive contribution to the world."

In 2017, while working as an emergency medicine resident at Massachusetts General Hospital, he attempted the astronaut selection process again. He explained the reason, saying, "I thought NASA was a platform that could inspire the next generation of children, and I applied because I thought it was a great way to live my life while doing something that could inspire children."

The U.S. political world is also paying attention to him, who has worked in all the professions that Americans envy, including Navy SEAL agent, doctor, and astronaut. Senator Ted Cruz (Texas), a leading Republican in power, said at the Artemis program completion ceremony held at the Johnson Space Center in Houston, Texas, "You are a Naver Secret agent with a Harvard Medical School degree, so you can kill people or bring them back to life. He jokingly said, "Please do both of those things in space." Johnny Kim plans to receive medical and pilot training at the Kennedy Space Center in Florida and return to Houston.

NASA plans to send astronauts back to the moon in 2024. If he could set foot on the moon, what would he want to do first? "I would like to start by thanking everyone who made this journey possible," he said. "The astronaut symbolizes the hard work and support of everyone involved in the space program."

Johnny Kim advised young people who dream of becoming astronauts, "The most important thing in life is to pursue your dreams and passion," and "Match your passion for becoming an astronaut with your career and follow that dream." He emphasized, "The happiness you feel from your work is the greatest gift of life," and "It will also enrich the lives of everyone around you."

We need to listen to Johnny Kim's words that he took on the challenge of becoming an astronaut to inspire children and that dreams and passion are the most important things in life. He was deployed to Iraq twice as a naval officer. He participated in over 100 battles as a special operation soldier and received the Silver Star and Bronze Star for military service. After the war, he graduated from Harvard University Medical School and was recognized for his work ability, giving him the opportunity to work at the best hospital in Massachusetts. It was Johnny Kim's actions like a strict son that would make those around him envious. However, he suddenly resigned from the hospital in 2017. His colleagues looked at Mr. Kim with wide eyes. People around me looked surprised and asked, "Why are you doing that?" and stopped me, saying they had never seen a case where a Korean-American attempted the astronaut selection process and succeeded.

John Kim said, "For young people, the most important thing in life is to pursue their dreams and passion." Despite his parents' strong opposition, the reason he took on the challenge was because of his dream. And the murderous training to become a Navy SEAL agent was overcome with his passion. We can see here that Johnny Kim prefers fields in which he is passionate rather than fields in which he has ability.

He said, "Many of my achievements are the result of the efforts and sacrifices of Korean-American immigrants." Here, we need to pay attention to the fact that Johnny Kim's challenge to be selected as an astronaut with Navy SEAL considers his dream to be a community dream. We often see athletes who won gold medals at the Olympics say similar things in interviews with newspaper reporters. With the moving national anthem playing at the awards ceremony, 'I thought I was practicing for my country and dedicating my body to my country right before the Olympic finals. For a moment, surprisingly, my passion surged and I achieved results that exceeded my expectations.' 'I won.'

3.5 Poetry about passion

⟨Passion⟩
To reach your full potential
Vision (emotion), discipline (body), passion (heart), and conscience (soul) are always needed.
The greatest of them all is passion!
People with passion walk while others sit.
If they walk, those with passion run.
Ah, after the breathless sprint
A land flowing with milk and honey
Because I'm sure it exists!

Get out of the way, world!
Without any love or tears left behind
Running and running again

I only look ahead and run towards my dream.
with God's guidance
To get to the land of Canaan

There is no great success without great dedication.
If you have passion
Because you devote myself wholeheartedly to your work.
There isn't much competition
 Believe the saying that success is easy!

— Suk Hi Kim

Chapter 4
Ambition and Greed

"There are three temptations that cause us pain and hardship. The first is sexual desire, the second is pride, and the third is an unreasonable desire for wealth. All human misfortune comes from this three greed. If there were no such desires, humans would live happily. But how can we, who are so sick of them, destroy them? The only way is to work hard and train yourself. This is the only solution. "This world will improve only by refining the mind."

— 〈La Mene〉

〈content of this chapter〉
4.1 Napoleon failed due to his greed for victory
4.2 Difference between greed and hope
4.3 20 things successful people with dreams never do
4.4 Roger Bannister, who broke the 4-minute barrier to run 1 mile with a wish
4.5 Poems about courage

4.1 Napoleon failed due to his greed for victory

If you fight a war and keep winning, you may become intoxicated with victory or, if possible, drive on without stopping like a car with broken brakes in order to achieve greater results. This is called the 'winner effect'. Men with great ambitions have 0.1g of the male hormone testosterone per liter of blood, and it is said that the secretion of testosterone becomes more active every time they win. It is said that as the level of testosterone, which causes aggressive behavior, increases, combat power also improves, so once you win, your chances of winning increase. This is the winner effect. However, if ambition turns into greed, it can lead to failure. However, a wise leader must turn ambition into hope, take advantage of the winner effect, and know how to stop when it is time to stop.

Napoleon achieved successive victories in wars with Austria, Spain, Prussia (a kingdom located in northern Germany at the time), and the Kingdom of Holland, and succeeded in turning these countries into satellite states. Napoleon had one famous diplomat. This is Foreign Minister Talleyrand. He was also the person who introduced Napoleon into politics. Talleyrand asked Napoleon to drop his unreasonable demands not only on these satellite states but also on Russia. However, the excessive secretion of testosterone from successive victories made Napoleon unable to stop on the spot.

He ignored Talleyrand's suggestion. In other words, his ambition turned into desire. Sure enough, as Talleyrand feared, Austria continued to harass France. In order to completely subjugate Britain, Napoleon issued the Continental Blockade in 1806, forcing European countries to ban all trade with Britain. However, Russia ignored the continental blockade. This forced Napoleon to use his worst card: an advance on Russia.

If Napoleon had stopped at the Neman River, he might not have met such a miserable end. It is the tragedy of someone who cannot be stopped. Wellington, who defeated Napoleon at the Battle of Waterloo, "said that a conqueror is like a cannonball." It flies well, but eventually explodes like a cannonball and disappears without a trace.

Just as it is said that it is too early to start when you think it is too late, you should also keep in mind that the right time is when you think it is too early to quit. The Battle of Waterloo refers to a battle fought between the French army led by Napoleon and the allied forces of Britain and the Netherlands led by Wellington at Waterloo, southeastern Belgium, on June 18, 1815, in which the allied forces defeated the French army.

This battle is Napoleon's final battle, and after being defeated here, Napoleon steps down from his position as second emperor and is exiled to St. Helena, where he ends his life.

4.2 Difference between greed and hope

There is a saying, "Young man, be ambitious." Ambition can become greed or wish. We learn one lesson from Napoleon's fable. Napoleon, who was drunk on victory, ultimately failed because his ambition turned into greed. The older generation is often told to give up greed instead of being ambitious.

The young generation has the power to change the world. The reason you can fully unleash your potential is not because you are young, but because you have the courage to take on challenges and the opportunity to decide on a new career path. I advise young people to be ambitious because ambition is not just for me, but to change the world for all of us.

They say that as many people get older, their ambition changes into greed. The starting point is for the citizens and the people. Although many people set out to do something for a beautiful world, many people use the results for their own enrichment and for the benefit of their families. I watch as it is reduced to something for family honor.

When something that started out as 'for the world' turns into 'for me to make a living,' it is the result of ambition turning into greed. The older generation, which is said to be at the center of society, is usually seen as those in their 40s. They are already a central force leading society by leveraging their ample social experience and skills. If you don't have confidence, you may feel like society will be shaken, your business will fail, and your family will break up. But you soon realize that it is nothing more than a false hope.

You suddenly realize that new young people are eagerly eyeing your place, that your children have grown up and are preparing to become independent, and that your wife has her own way of life and is well-established enough to live on her own. When you realize that, you feel sad. That's why you become greedy. What the older generation needs to do is prepare for a beautiful old age. It is said that the monster called greed has the characteristic that if you cut off one head, two heads will grow in its place.

It may be said that ambition is a privilege that only young people have, but that is not the case. What President Nelson Mandela (South Africa), a symbol of forgiveness, President Kim Dae-jung (Korea), and President Ronald Reagan (The United States) have in common is that all three of them not only became heads of state over the age of 70, but also became great politicians who changed the world. There are people who give up when faced with a crisis in our precious daily life, and there are people who become stronger physiologically, like honeysuckle.

Even in the face of difficult-to-overcome crises, these three politicians pursued their ambitions even more strongly, eventually turning the crisis into an opportunity and transforming themselves into great politicians who performed an important task. Many people who dream hard when they are young and work hard to serve their country and neighbors in old age make us feel the difference between ambition and greed.

Ambition can also be a hope or a wish. Hope means wishing to do something or wanting to do something with a pure wish. However, wish is more personal and earnest than hope, meaning "I wish it would happen, I hope it happens."

In comparison, wishes are the specific manifestation of vague expectations and personal dreams, ambitions, hopes, etc. Everyone lives by dreams when they are young. However, because the dream is vague and abstract, it has the characteristic of being modified and changed as one grows up to become a president, general, teacher, nurse, etc.

This is because the specificity and earnestness of what you want to achieve are lacking. On the other hand, wishes are deeply ingrained with specific themes and earnestness. Therefore, most people ask for protection from the God they believe in or from the Absolute in order to achieve their wish.

4.3 20 things successful people with dreams never do

1) Do not use money as the standard for success.
Successful people consider happiness, peace of mind, and service to others as their criteria for success. They think of money as nothing more than a tool for living a leisurely life, but they know that money cannot buy happiness.

2) Don't start your day without a plan.
Successful people know how to use their time systematically. They order tasks according to their importance and handle their daily tasks. In addition, they not only manage important meetings and meetings well, but also manage their time efficiently to achieve the best results.

3) Don't pursue perfection.
Successful people do not waste time and energy because of an obsession with perfection. They tend to focus on growth

rather than wasting time on small things with unnecessary obsession. Successful people aim for more perfect success through the process.

4) Avoid being close to negative people.
Successful people stay away from people who are dissatisfied or who habitually make excuses. The reason successful people keep their distance from these people is to avoid receiving negative energy.

5) Do not conclude that difficult situations are problems.
Successful people, when faced with a difficult situation, think of it as a challenge just like before. They believe in the lesson that when you take on a new challenge, you can grow and develop further.

6) Don't be discouraged by failure.
For successful people, failure is still a process of learning and growth. Therefore, there is a belief that no matter how many times they fail, they can stand up again.

7) Don't be discouraged by any problem.
As we live, various problems always arise. If you get discouraged every time that happens, stress will only build up. When a problem arises, successful people focus on how to solve the problem rather than worrying about the problem itself. This attitude will not only change your sinking mood,

but it will also help you solve problems.

8) Don't let your self-esteem get hurt by other people's criticism.

Successful people are not hurt by other people's advice or criticism. They know exactly what they want and what they are out for. The reason people get hurt by others' evaluations is because they are not confident in their own existence.

9) Don't make excuses.

Successful people know how to admit their mistakes. If things don't go according to plan, they take responsibility until the end and try to find a solution. No matter how big or small the task is, try to achieve your goal.

10) Don't be jealous of other people's success.

Successful people believe that everyone has the potential for success. And I believe that the more people who achieve success, the better the world becomes. Therefore, when someone else achieves success, they are not jealous, but rather are moved and receive it as a stimulus.

11) Don't neglect your loved ones.

Successful people know how to take care of their families, partners, and themselves, no matter how important work is. This is because true success begins from close quarters, and loved ones are also the driving force toward success.

12) I don't just focus on work; I also know how to have fun.
Successful people believe that working without any enjoyment is meaningless. They know how to find a balance between work and hobbies while enjoying what they like.

13) Do not neglect your health.
Really successful people are well aware of the importance of a healthy body. Motivation for work, a sound mind, and healthy physical strength are the basics for achieving success. "Health is the basis of life. In other words, if your health is ruined, everything stops." In other.

14) Do not set uncertain goals.
Successful people know their goals 'exactly.' Once you set a goal, it's easy to draw up plans and maps for the process. The important thing at this time is to never give up and keep trying. It is much easier to evaluate and diagnose your life if you have precise goals. Therefore, if you set a good goal, you will have achieved half of your plan.

15) Don't just say things, put them into action.
Successful people never end with words, whether they criticize someone or come up with a new idea. Be responsible for your words and carry out your commitments within the promised period. In other words, execution and trust are the same thing.

16) I do not tolerate situations where I become a victim.

Successful people do not create situations where they are harmed by others. In other words, you can judge and deal with bad situations or bad people well. Therefore, there is no need to hold grudges or feel revenge. They know very well that true happiness comes from preventing bad situations as much as possible and maximizing good circumstances.

17) Don't cling to the past.
Successful people do not suffer from the past. If you are obsessed with the difficult past, you will not be able to enjoy the present again during that time.

18) Don't be afraid of change.
No matter how much planning and strategy you make, the situation will change over time. Successful people recognize and accept this fact. They understand that the path to success is not set, and they know how to be flexible and adapt their plans depending on the situation.

19) Never stop learning.
Successful people move forward with new learning even as they grow older. They believe that there is something to be learned no matter who you meet or where you go. They always have a humble attitude and want to fill themselves like an empty cup.

20) Don't forget to be thankful for everything.
Successful people are grateful for everything. Don't forget

to show gratitude to those who help and support you. It doesn't matter whether it's important or not or whether it's a big deal or not. They focus on finding things to be thankful for in their lives. Because that is the path to a happy life.

4.4 Roger Bannister broke the 1 mile and 4 minutes barrier with his wish

Wishes foster dreams, and we are stimulated by wishes to make our dreams come true. But hope alone cannot lead to success. There are many great wishes that were well-meaning, but failed to blossom due to laziness. However, nothing is impossible for people with the genes to hope and constantly take on challenges. Humans have recorded countless challenges. Through the challenge, he set foot in the South and North Poles and succeeded in climbing Mount Everest, the highest mountain in the world. The mile and quarter wall were no exception. It was simply impossible for a human to run a mile in 4 minutes. It was a huge physical, mental, and psychological barrier that could never be overcome.

Roger Bannister, a medical student studying in England, had a great wish. In running, he became the first athlete to run a mile (four laps of a 440-yard track) in under 4 minutes. In the early 20th century, people with a keen interest in track and field looked forward to the day when the four-minute barrier would be broken. Over the years, many outstanding runners have come close to breaking the 4-minute barrier, but have fallen short at the threshold.

Bannister devoted all his energy to intense training with the hope of setting a new world record. For him, challenging the 4-minute 1-mile barrier was like a spiritual challenge. As a medical student, he studied the maximum pain a human could endure and the best last spurt method. Unlike a 100-yard sprint or a marathon, a 1-mile race requires that speed and stamina be balanced as optimally as possible.

Among those involved in sports, there were some who had doubts about whether it would be possible to break the four-minute barrier. Even self-proclaimed experts said that it was theoretically impossible for a human to run a mile in under 4 minutes. Roger Bannister's grand wish was finally realized on May 6, 1954, when he was 26 years old. He crossed the finish line in 3 minutes 59.4 seconds, setting a new world record. Bannister's earnest wish to overcome the four-minute barrier was achieved after putting his whole body into it and training intensively. Roger Bannister, who had prepared to die and finally reached the finish line after 4 laps (1 mile), almost lost consciousness and collapsed in excruciating pain. For a moment, all things appeared in black and white to his eyes. Every organ in his body seemed to stop working due to lack of oxygen.

It is said that since Roger Bannister broke the above record in 1954, 336 people have run one mile in under four minutes. The barrier that no one thought could be broken even after one hundreds of years, the barrier that seemed to have been set by God as a human limitation, was broken by Roger Bannister. In an era where everyone says it is impossible, the number of people who want to break the wall, take on the challenge, and become the person who achieves it has increased. As a result, it was difficult for anyone to dare to attempt it until then, and even though not a single person succeeded in 100 Years. However, many people thought that they could do after Banister broke the record. Consequently, hundreds of people have succeeded in running one mile under four minutes.

4.5 Poems about courage

⟨Success Speech⟩
Come. Hey friends
It's not too late to find a new world
Let's push forward, lining up and clattering
Let's move forward through the waves.
My goal is to see the western stars beyond the setting sun
Toward a place where everyone is submerged in water
We will sail until the end of our lives.
The deep sea may catch and swallow us
Arriving at the "Island of Happiness"
You might meet the great Achilles of legend.
There is a lot that has been lost, but there is still a lot left.
And now even though heaven and earth
Although I don't have the power to move

The spirit of a hero remains the same.
Even if we are weakened by time and fate
Strive, pursue, and discover with strong will
Because I will never give in.

– Alfredo Roddy Tennison

⟨Get out of danger⟩
Don't pray for release from danger
Let me pray that you will not be afraid when you are in danger.
Don't pray for the pain to stop
Pray for courage to overcome suffering.
Don't pray for me to find a sympathizer in life's battlefield
Help me to pray for the strength of myself to fight and overcome life.
Do not pray for deliverance from the grievous horrors,
Pray for patience to fight for freedom.
Anna doesn't want to be the boss. Help me.
Do not think that God is merciful only in success
Help me to be thankful that God is holding my hand even in the midst of repeated failures.

– Tagore

Chapter 5

Lessons from the eight rises after the seven falls

"For though a righteous person falls seven times, he will rise again, but the wicked are brought down by calamity."
— 〈Proverbs 24:16〉

〈content of this chapter〉

5.1 A talented friend who gave up on his dream too easily

5.2 Eight rises after seven falls

5.3 What saved the Thai cave boys was the spirit of not giving up

5.4 Never give up

5.5 A poem about not giving up

5.1 A talented friend who gave up on his dream too easily

My friend A studied with me in Korea, had the same major, and had the same hopes for the future. In the 1960s, politicians in Korea justified dictatorial politics on the pretext of high economic growth and anti-communism, and college students continued to demonstrate under the cause of democracy, so the social reality in Korea could not be quiet even for a single day. Nevertheless, there was one thing in common that highly educated young people and government officials pursued together.

At that time, the difference in economic and technological levels between Korea and the United States along with the Western world was as large as heaven and earth. Therefore, young people with higher education wanted to go abroad for work or study, and the government actively encouraged their overseas expansion to earn foreign currency and train highly skilled human resources. During this time, A and I also had a big dream of learning advanced economics and management knowledge in the United States and returning to Korea to do our best for our country and people throughout our lives.

I knew that A had all the conditions needed to study in the United States—skills, talent, and assets—and had received an acceptance letter from a top university several years before me and had come to the country. I met A, who I believed would be working on his doctorate by the time I arrived in the United States in 1969. But he gave up his studies and left the university to work mowing other people's lawns with a number of employees. I was shocked and asked him why he gave up studying and whether he intended to continue studying in the future, but he shook his head and gave up studying forever. "For the first year, I studied at my own expense, but due to the failure of my parents' business, I tried to continue my studies through self-finance, but it was difficult and I gave up studying. So, I naturally gave up my dream of returning to Korea after completing my studies and becoming a professor." It occurred to me that he, with his great skills and talent, especially his excellent English skills, had given up too early on his dream of studying and becoming an excellent professor.

5.2 Eight rises after seven falls

"Eight rises after seven falls" is a saying that even if you fall seven times, get up eight times and finally succeed. A long time ago, a general who was chased after losing a battle hid in a small cave. Then, a spider stretched out a line at the entrance of the burrow that I had barely managed to squeeze into. I lamented his pitiful situation and thoughtlessly scattered his cobwebs with my hands. The spider started stringing again from the beginning. There was nothing else to do other than hide, so he scattered it again without thinking. However, the spider did not give up and hit the line again.

'Now even the most insignificant creatures are ignoring me!'

Even though I scattered the web the spider had made seven times, the spider continued to build an eighth web in silence. Is there such a frustrating person? Just as I was blaming the spider for its stupidity, saying, 'It's time to give up at this point!', an enemy search party suddenly arrived at the entrance to the cave. As I was lying flat on my back, thinking I was dead, and holding my breath, an experienced enemy soldier came to the entrance of the cave and, seeing that the entrance was blocked with spider webs, led his comrades and turned away, saying that there was no need to search since no one would have gone inside.

Spider webs in their natural state do not break easily even in wind and rain unless they are intentionally removed. So, regardless of time and place, when the military is chasing an enemy soldier, they are trained to see a broken spider's web, consider it a trace of the enemy's passage, and chase after it. Therefore, the soldier also thought that if a person had entered the cave, the spider web would have been broken.

The general, who saved his life thanks to the spider, saw the insignificant spider again. It is said that the general, who owed his life to the indomitable spirit of the spider that never gave up and gained great enlightenment, later recovered and made a great contribution.

Michael Jordan, known as the greatest basketball player in history, is said to have said the following at an event under the title, "Don't be afraid of failure and challenge yourself." "In my basketball life, I missed over 9,000 shots and lost about 300 games. Of those, 26 were lost because my last-minute comeback shot failed. In this way, my life was a series of failures. This is why I succeeded."

But perhaps the most important thing is not to be afraid of failure and to develop the habit of continuously challenging yourself. The fear of failure blocks us from many possibilities. As the saying goes, "Giving up eliminates fear, but it also eliminates hope," giving up due to fear of failure eliminates the immediate fear, but it takes us away from the place of achievement.

No matter how much talent and knowledge you have, they are worthless if you don't put them into practice. No matter who you are, success comes from your own actions. Here are five ways to develop self-control and not give up.

First, the biggest enemy of success is when it feels too smooth. If you always choose fun and easy things, it will be difficult to reach your goals. If success were easy, wouldn't everyone succeed? But every great victory requires great sacrifice. The way to achieve a goal is simple: "Clear vision, clear plan, and execution." But most people get stuck in taking action. You should do what you feel is necessary, even if it is difficult, rather than what is easy and fun.

Second, it all depends on you. No one else is responsible for your health, great body, and happiness. Only you can choose how you spend your time, and the decisions you make on a consistent basis will change your life. If you want a better life, you have to make better decisions.

Third, write down your daily goals. When you feel that the effort you are making toward your goal is difficult, you need to reflect on why you are doing it. The great German philosopher Friedrich Wilhelm Nietzsche said, "If you have a clear reason for living, you can endure any ordeal." However, as we continue to lead busy lives, there are times when we forget the reason. The easiest way to solve this problem is to rewrite your goals every day and imagine your future. That way, you will clearly know what you need to do.

Fourth, live each day faithfully. People often think that some magical event will suddenly change their lives in the future. It's like hoping to hit the jackpot without living each day to the fullest. If you are curious about where you will be in 10 years, just look at your current life. Are you exercising hard every day? What are you learning? Who are you spending time with?

Fifth, decide in advance that you will not give up. In order to respond strongly to adversity, you must have a plan in advance for how you will respond. Otherwise, it's too easy to give up. For example, if you were unable to exercise due to a sudden commitment, you should exercise extra on the weekend. If you couldn't go to the gym today, walking one or two stops when you get home is one way to avoid giving up on your pre-planned workout. No matter how difficult a situation is, you need to have a plan to respond. If you don't break that promise to yourself, you can achieve any goal.

5.3 What saved the Thai cave boys was the spirit of not giving up

It was said that it was the "spirit of not giving up" that confirmed the survival and rescued the boys who went missing in the Thai cave, which attracted the world's attention. This cave disaster occurred on June 23, 2018, when a youth soccer team and coach were shipwrecked in the Tham Luang Nannan Cave in Chiang Rai Province, northern Thailand, and were rescued about two weeks later with the help of rescue teams and the international community.

The boys in distress were between the ages of 11 and 17. They followed a coach into a cave for sightseeing, but became stranded when the cave filled with water due to heavy rain. The fact that they were missing was announced a few hours after the shipwreck, and a rescue operation began immediately.

of the distressed children, but due to the deep and complex structure of the cave and the constantly rising water level, no significant results were seen for a week. As the distress period lengthened, rescue support expanded into a large-scale operation, and as it attracted the attention of the media and public around the world, international volunteer work followed.

On July 2nd, the 9th day of the shipwreck, a team of British divers successfully reached the place where the children were isolated through narrow passages and muddy water, confirming that the children were also safe. At the time of discovery, the children were staying 5.2 km away from the cave entrance.

After confirming the location of the children, the Rescue Response Headquarters decided to teach the children and coaches diver skills and escape as soon as possible, or wait until the rainy season ends and the water in the cave subsides. Afterwards, a pump was installed in the cave to artificially drain the water. As the rain stopped for a while and the water level in the cave went down, the rescue headquarters deployed a team of divers on July 8 and first rescued four of the 12 children. As heavy rain of up to 52mm was forecast on July 11, the rescue team decided to rescue all the children before then, and on July 10th, all the children and their coach were finally able to get out of the cave.

At first, it was thought that it would be nearly impossible to confirm the fate or rescue the boys stranded in the cave. This was because of pitch-black darkness, lack of oxygen, zero visibility, muddy water, strong rapids, unknown terrain, and tight crevices. However, it is said that from June 23 to July 2, the stranded coaches and cave boys did not give up and waited for rescue by sharing the small number of snacks they had with each other and drinking water collected on the limestone ceiling of the cave instead of muddy water. In addition, it is said that the success of the Thai cave boy rescue operation, which attracted attention around the world, was thanks to the sacrifice and refusal of volunteers from 13 countries.

5.4 Never give up

The story of the Thai cave boys who miraculously survived under the worst circumstances cannot help but agree with the words of the great British statesman Winston Churchill, "If you have a dream, never give up." "You, never give up – never give up." This congratulatory speech at the Oxford University graduation ceremony is said to have received cheers from numerous graduates. There are only three things to remember in life. "Never give up! You should never give up! "Never, never, never give up!" After that, it is said that parents recited Winston Churchill to their children who were wandering after failing in college or work.

The story of Winston Churchill, who served as Prime Minister of England, is as follows. During World War II, he was appointed to give a commencement address at Oxford University. He slowly walked up to the stage dressed in dignified attire. Everyone in the audience held their breath and expected a great congratulatory speech to come from his mouth. Churchill looked around the audience slowly and shouted one short sentence in a powerful voice. "Don't give up," he shouted again, raising his voice after a while to the audience who didn't notice that the speech was over. "Never give up." Still, as the audience waited for the next speech, they came down to the podium shouting, "Never give up." It is said that only then did the audience give Churchill thunderous applause. Not being able to do something is not failure, but giving up is failure. There is no life in the world that is not difficult for anyone. However, those who do not give up until the end will change despair and difficulties into hope and courage, and will hold the two letters 'success' in their hearts.

5.5 A poem about not giving up

〈Even if it goes wrong sometimes〉
As you trudge
Even if the path you walk is uphill

Even if it's not enough now and the debt is increasing

Even if he wants to smile, even if all he sighs out is
Even if worries weigh you down

Okay, take a break if you need to.
But don't give up.

as we all know
There are twists and turns in life
Don't many failures turn into success?

If you see a hint of success, grab it.
Don't give up because success comes late

Because the wind that blows one day will bring you success

Success is born from failure

Even if the shadow of doubt is colored with silver light
You cannot say that success is near.

Even if it seems far away, it could be close

Even if great trials come upon you
don't give up the fight

Never give up, even when things get worst.
— Unknown author

Chapter 6
Knowledge Is Power

"The pain of studying is temporary, but the pain of not learning is lifelong."

– Harvard Library quote

⟨content of this chapter⟩

6.1 Fraudulent admissions scandal at prestigious U.S. universities

6.2 Consequences of the fraudulent admissions scandal at prestigious U.S. universities

6.3 Secrets of studying

6.4 I was in last place

6.5 Effort never betrays

6.6 A poem about 'knowledge is power'

6.1 Fraudulent admissions scandal at prestigious U.S. universities

On March 12, 2019, the U.S. Federal Bureau of Investigation (FBI) conspired to defraud about 50 people involved in entrance exam fraud to get their children admitted to prestigious U.S. universities. When a broker called Singer was indicted on charges of obstruction of business, the full extent of the fraud in the admissions process at prestigious American universities were revealed. American society was greatly shocked by this admissions fraud. According to the Federal Bureau of Investigation, over a period of eight years from 2011 to 2018, parents paid a total of $25 million, ranging from $200,000 to $6.5 million per person, to admissions consultant William Singer to get their children into prestigious universities. In particular, this corruption attracted attention as it became a huge scandal involving famous Hollywood celebrities as well as the wealthy and social leaders.

Until now, in the U.S. college entrance exam, there were two types of methods: 'front door admission', where students were accepted based on their ability, and 'back door admission', where parents donated large sums of money to the school to increase the chances of admission. Singer said in court on March 12, 2018, "I created a 'side door.' "This was very attractive to parents because it guaranteed admission," he said.

There were two main methods. The first method was to bribe test proctors and have them take proxy tests for US college entrance exams such as SAT and ACT, or change the answers. To achieve this, Singer had his customers obtain medical certificates stating that their children, who were about to enter college entrance exams, were suffering from diseases such as 'learning disabilities.' Based on this medical certificate, he allowed students to take separate tests at 'specific testing centers' in Houston and Los Angeles, where test proctors whom Singer had bribed were assigned.

The second method was to abuse the special athletics student system. Singer bribed athletic directors at major universities to enroll his clients' children as special athletics students. During this process, Singer did not hesitate to 'Photoshop' the students' faces into the game photos. Among the students who succeeded in getting into prestigious universities, there were some who had never played the sport in question. After enrolling as students with special needs in physical education, students withdrew from the sports department for reasons such as 'receiving an injury.'

6.2 Two consequences of the fraudulent admissions scandal at prestigious U.S. universities

We need to analyze the above scandal from two aspects: if you have a long tail, you will be caught, and honesty and truth are the only answers.

First, the proverb that if the tail is long, you can be caught has come true. The proverb that if you have a long tail will catch you means that if you keep doing wrong things while avoiding other people's eyes, no matter how much you try to hide it, you will be found out one day. Widely known celebrities in the United States—actors, businessmen, lawyers, etc.—had been promoting their children's fraudulent admissions through a single college admissions broker for eight years in utmost secrecy, but were eventually exposed.

The parents, who were at the core of this scandal, along with Singer and his gang, must have known very well what they were doing. And those wealthy parents knew that they would be caught someday. Nevertheless, their desire to send their children to prestigious universities was so great that they continued to commit corruption until they were discovered. Ultimately, most of those indicted in this case were convicted of bribery. In addition, the court sentenced those found guilty to imprisonment to pay fines of tens to hundreds of thousands of won and to perform hundreds of hours of community service. Because this crime was a matter of bribery by individual coaches and parents, the students involved in this college entrance exam fraud were not included in the investigation. However, all students who were admitted fraudulently had to drop out or leave the school as a result of punishment from the school authorities.

Second, as a result, American universities began to respond with a proactive process through rigorous fact checking. We cannot help but think that these preventive measures were very appropriate from the standpoint of honesty and truth as the only answer. These are comments from university admissions officers regarding the information verification process. Although there are some differences depending on each school, they usually begin to crack down on illegal admissions with the following policies.

1) After implementing strengthened fact-checking procedures, all admissions of students who do not respond to application verification requests are being cancelled.
2) Claims of special talent in sports and the arts are subject to more rigorous and multifaceted scrutiny.
3) Some schools have a zero-tolerance policy, and submitting false information will result in cancellation of admission or expulsion if you are a current student.
4) Other schools review process is rigorous and multifaceted.

Whether in the United States or Korea, the issue of corruption is not a new issue. Nevertheless, the corruption in the education world is quite shocking. The reason society reacts particularly sensitively to corruption in the educational sector can be seen as stemming from its understanding of the special field of education. The idea may be that practices that run counter to legal, moral, and normative principles in the area of responsibility for minor children cannot be tolerated.

Some people lament that because the United States and Korea are still societies centered on academic background, corruption in the educational sector, such as entrance exam fraud and grade manipulation, continues to occur. However, academic background is a standard for evaluating talent worldwide. Education still plays a role that cannot be ignored when getting a first job. A diploma and grades from a good university are objective evidence of your hard work in the past.

Regardless of the country, it is common knowledge that the higher the educational level, the lower the unemployment rate and the higher the compensation. Academic background is not everything to success. However, since employers evaluate academic background as the most important criterion, if you do not have a good academic background, the start of success is bound to be uneven. Therefore, college students need to keep in mind the proverb, 'Getting started is half the job' and focus on accumulating academic background and academic background.

In general, the main functions of a university are concentrated on education, research, and service. In particular, in performing these functions, universities place correct knowledge, correct ideology, and correct practice as their ideals. In that universities are educational institutions that train future leaders, they are a place for character development that requires the highest level of morality more than any other social organization. In particular, because the fundamental purpose of education is ultimately to form a person's character, morality is the basis of all education in universities and is a norm that must be respected like customs and laws. Therefore, in addition to thorough self-health management and knowledge acquisition, college students also need to actively participate in the school authorities' sound character education programs and social service activities. However, no matter how healthy and knowledgeable a person is, if he or she is not virtuous, he or she will not be respected socially, and thus his or her chances of becoming a great leader for the future society will be slim.

Another true value you can gain from college is forming close relationships with friends you meet on college campus. In the end, the restoration of relationships that can be gained in college means networking. You cannot be sure of getting a good job and rapid promotion with just a high level of education and excellent work ethics. Some people refer to the three inevitable encounters in our lives as 'teachers, books, and friendship.' A wide and diverse network can be built throughout one's life, but a network where opinions are freely communicated without hesitation and friendship is confirmed regardless of interests on a university campus, dormitory, or classroom is pure and unchanging.

Networking is like insurance against an uncertain future, so it is as important as sitting at a desk and studying to build professional knowledge. Ben Jemin Franklin, who wrote the 'American Declaration of Independence,' said that there is no investment in the world more important than education. University education is a stepping stone to growth, opportunity and jobs. Additionally, education is a means of ensuring a dedicated and competitive workforce. To be more specific, the reason a college degree is important is because it provides 10 elements necessary for success, including experience, job information, skills, a stepping stone for promotion, general information, family pride, friends, hope, competition, and personal satisfaction.

Many people are sensitive to physical health, but are particularly insensitive to brain health. Even if an abnormality in brain health is discovered, people often ignore it because they do not know how to manage it. If your brain is healthy, you can prevent diseases such as forgetfulness, dementia, and stroke. In addition, when the brain is healthy, the brain's memory improves, so the learning effect also improves. Here are 10 habits that make your brain healthy:

1) Connect and remember,
2) Use both hands,
3) Study before going to sleep,
4) Understand, not memorize,
5) The longer you hang out, the worse TV is,
6) Oppose routine,
7) Travel,
8) Try new things,
9) Challenge and learn, and
10) Don't copy others.

6.3 Secrets of studying

Both students and parents have the same desire to study well. But the reality is different. Students who don't seem to be working particularly hard often get excellent grades, while students who sit at their desks all day often have stagnant grades. If you sit at your desk all day without motivation due to your parents' pressure, there is no way your grades will improve. If you have a strong desire to study, your grades will go up even if you don't work particularly hard. There are steps that are necessary to dream of the future, study, and acquire skills to become a successful person like Steve Jobs or Bill Gates. It's motivation. You should not worry only about test results or grades without thinking about motivation. Whether it is study, work, or business, you must have a dream to do it with motivation and passion. If you feel like giving up while studying, just think of your loved ones who sacrificed themselves for your future. Studying is not a lack of time, but a lack of motivation and effort.

I emphasize again that in order for a student to have the motivation to study on their own, they must first have a dream. In your social life, you often hear the word motivation. Motivation is what motivates us to take action. However, even though I know that action and practice are necessary to do something, there are times when I feel completely unmotivated. In this case, you can boost your motivation by recalling your dream.

The following story reminds us of the proverb, 'A dragon comes from a stream.' This is a proverb that refers to a case where a person in a very poor given environment or condition achieves something that is impossible for ordinary people to achieve or reaches a very high position and succeeds.

The saying that a dragon arises from a stream is different from the case of a person suddenly rising in status due to good luck. Of course, it is true that a dragon can emerge from a stream only if there is a certain amount of luck. This proverb does not apply to cases where success is 100% due to luck, as it presupposes that the person achieved success through great effort even under difficult conditions. People who fall under this proverb, despite the very difficult conditions for success regardless of time and place, succeed brilliantly and receive recognition from those around them through their outstanding intelligence and endless efforts that go beyond those of ordinary people. This proverb is usually used when people who were poor and could not receive a proper education study hard on their own and eventually become successful. In other words, even if they do not go to a top school or a top academy to study, students in rural schools can achieve high grades that are impossible for ordinary people if they have the will to study.

On November 20, 2018, a daily newspaper revealed the study secrets of students at Jangseong High School in Jeollanam-do under the title, "A rural school takes care of children instead of parents who are busy with farming, and produced a student who obtained a perfect score again." A, a third-year student at Jangseong High School in Jeollanam-do, went home for the first time in a long time on the night of November 15th, when the 2019 College Scholastic Ability Test was over. Although my home is in the province, I have been living in a school dormitory. Student A, who did not have high expectations because the CSAT was particularly difficult, sent a text message to his homeroom teacher, Yang Chang-yeol, with trembling hands after finishing grading. "Teacher, I think I'm all hit." Jangseong High School, a rural school, received a perfect score on the college entrance exam. Jangseong High School, which opened in 1985, produced a perfect scorer on the college entrance exam for the second time in five years. It is unusual for a general high school in a rural area, rather than a special purpose or private high school, to produce a perfect scorer on the college entrance exam twice.

When asked about the secret, Vice Principal Kim Baek-jin said, "It is difficult for students to go to an academy or receive private tutoring because it is located in a rural area. All students study in the dormitory." Parents who work in the rice fields from early in the morning also trust and entrust their children to school. Principal Han Hyeong-su said, "Unlike in the city, this area cannot afford to wait for students to study late at school and take care of them until they return. "The teachers are all taking care of them with the hearts of parents."

Little by little, the efforts of rural schools are bearing fruit. Jangseong High School ranked first in the county in terms of standard score on the 2011 CSAT. At that time, the only general high school in Jangseong-gun was Jangseonggi. The achievement of being ranked first in the nation was achieved by Jangseong High School alone. Thanks to this, half of the students entering Jangseong High School, which is non-standardized, come from outside the Jangseong area, including Haenam, Suncheon, Mokpo, and Yeosu. Vice Principal Kim said, "The top students go on to specialized high schools, private high schools, or schools in the city, and other students come to our school, but they study hard and achieve excellent results." Group A's score at the time of admission was around 140th, but his grades steadily improved, and he eventually set a record of getting a perfect score on the college entrance exam.

Of the 560 students at Jangseong High School, including A, 95% live in dormitories. Third grade students go home on the last Saturday of every month and return on Sunday evening. Vice Principal Kim said, "Most of the parents are busy farming," and since the school takes care of everything, most of the students move into the dormitory. Due to high student demand, the number of dormitories that used to be 2 has now increased to 4. In accordance with the wishes of the founder, doctor Ban Sang-jin, who said, "I don't want to hear that I can't study because I don't have money," the dormitory fee, including food, is only 210,000 won per month.

For students whose only focus is school work, teachers have prepared classes that are just as good as those at private academies. After school, we opened classes by unit or field as students requested. We created several classes to enable students to take in-depth classes in areas they find difficult, such as differential calculus and probability classes. For Korean, there are poetry classes, novel classes, and non-literature classes, and for English, there is even a 'fill in the blank class' where students solve blank inference problems. Principal Han Hwang-soo said, "We allow students to take classes in their areas of weakness for two hours on weekdays as if it were an academy class."

6.4 I was in last place

A university professor's heart-warming confession became a hot topic on Twitter. The professor who is the topic of discussion was in the bottom of the school when he was in his first year of middle school, but he forged his report card to show that he was first and broke his father. Afterwards, the student felt so guilty that he gritted his teeth and studied, becoming a university professor 17 years later, and he even became the president of a famous university. The following is the story confessed by the professor.

"My hometown is Sancheong, Gyeongnam. It is still a relatively poor place. However, my father sent me, who had a poor family background and was not smart, to study at a big city called in Daegu. I went to middle school in Daegu, but I didn't want to study. I was in class 8 in the first year, my ranking was 68/68, and I was last. Even though I was young and was going home with an embarrassing report card, I didn't have the confidence to show off those grades. I tried to resolve my resentment of not receiving an education through my children, but when I thought of my father, who thought about sending his son to middle school even though he was a tenant farmer and couldn't make ends meet, I couldn't just sit there. So, I changed the ink-written report card to 1/68 and showed it to his father. Since my father didn't even attend public school, I didn't think he would notice that I had changed my report card to 1st place.

When my son returned from studying in Daegu, his relatives gathered around and asked, "Did Chan-seok study well?" they asked. My father said, "We'll have to wait and see… How did you come in first place this time? "He said," Myeong-soon (father) has one child. "If your son gets first place, you have to do something." At the time, our family was the poorest in the neighborhood. The next day, when I returned from the river, my father had slaughtered the only pig and gathered the villagers for a feast. That pig was number one on our property list. Something amazing happened. The next day, "Father… "I called, but I couldn't say the next word. And ran out. After that, I heard a voice calling me. I was scared and wanted to go to the river and die, so I stayed in the water without breathing and even hit my head with my fist. After that shocking incident, I changed. Because that thing was always lingering in my head.

Seventeen years later, I became a university professor. And when my son entered middle school, one day, when I was 45 years old, I said to my parents, "Hey, my father" to apologize for what happened 33 years ago. When I was in my first year of middle school, I got first place… "I'm about to start talking. My father, who was smoking a cigarette next to me, said, "I knew. "Stop it, Minwoo (grandson) is listening." As a doctor, a professor, and a university president, I still cannot dare to understand the feelings of my parents, who slaughtered a pig, the number one item on the list of assets, and made a feast for the villagers, even after learning of their child's falsified grades.

6.5 Effort is not betrayed.

In his paper "Rediscovery of 10,000 Hours," world-renowned psychologist Anders Eriksson studied people who reached the top of their fields and discovered that behind their incredible success was not natural talent, but a very long period of effort. He analyzed the saying "Effort never betrays" from two aspects.

First, genius is made up of 1% inspiration and 99% effort. These quotes emphasize that effort is essential to make talent your own. However, doing your best within the limits you think is not everything. Let's assume that when one person puts in an effort of 100, the other person puts in an effort of 120. In conclusion, both tried their best, but in the end, the person who achieved better results would be the person who put in 20 more efforts than the person who tried 100.

Second, he said that although the amount of effort is important for success, quality is more important. The paper,

⟨Discovery of the 10,000-Hour Ship⟩, was cited in Malcolm Gladwell's book ⟨Utterly⟩ through the name '10,000-Hour Rule' and was introduced to Korea and received an explosive response. The reason why the 10,000-hour rule was loved by Korean readers is probably because there was an established thought that all you have to do is work hard.

However, since people are not machines, he emphasizes that just as sitting at a desk for a long time does not make you first, the key to the 10,000-hour rule is not how long it is, but how correct it is. It is important to work hard, but it is more important to work hard in a different way, rather than to work hard for a long time.

Just as important as time is how and the quality of how you spend it. The correct method of effort that the author talks about is conscious practice, which can be summarized as concentration, feedback, and correction. The book draws on the past 30 years of scientific research to determine what conscious practice is specifically, what the differences are in the time spent by those who reach the top, and how we can further develop our abilities and reach the top through this practice. It provides detailed information based on the information.

6.6 A poem about 'Knowledge is power'

⟨We are children born in a stream⟩
We are each born in a stream
'We as a boy or girl became the head of our household

because who lost our parents at an early age,
Orphans abandoned by our parents,
Even though we are hungry, we don't have the ability to cook
'We are children of poor parents.'
Because of the deep wounds in our heart that cannot be expressed
We can't cry because our tear ducts are blocked.
In the pitch-black darkness
We wait for the beacon of light.
We need more than sympathy and relief supplies.
Governments, charities and large corporations
Turn a stream into a wide sea
We just hope that everyone's starting point is the same.
Although there is no royal road to Rome,
We know that patience is bitter but its fruit is sweet.
The desire to study is like a burning flame.
If you give us the opportunity to study according to our abilities,
We promise to be dragons big and small.
We walk while others sit
If they walk, we run.
Ah, after the breathless sprint
Big. I am sure it will be a little dragon.
Because I know that effort will never betray you.

— Suk Hi Kim

Chapter 7

Focusing on One Thing

"There is a saying about selection and concentration. Whatever it is, after choosing something you can do, you should concentrate and give it your all."

— Author unknown

"For in his own heart a man makes his own way, but the LORD directs his paths."

— Proverbs 16:9

⟨content of this chapter⟩

7.1 A girl who was chased by three men and lost to them all
7.2 Why you should focus on one thing
7.3 Bill Gates became the computer emperor by focusing on computers
7.4 Bill Gates became the king of philanthropy by focusing on philanthropy
7.5 The sooner you choose your career path, the better
7.6 A poem about one focus

7.1 A girl who was chased by three men and lost to them all

A girl living outside a castle in medieval Rome received marriage proposals from three young men.
> The first person was the crown prince of a country who would soon inherit the throne.
> The second person was a muscular and handsome man who was popular with women at the time.
> The third man was the son of a wealthy merchant.

This girl received—from each of these three people—their heirloom crown, sword, and gold bar as a gift. The girl liked all three people. She liked a power, good looks, and money.

The girl in a happy state of distress could not make an easy choice and ended up wasting time by hesitating. Anyway, all the suitors who were tired of waiting and waiting got angry and left. It's worth it to have your pride hurt. The world is wide and there are many women, so why do talented men wait? In the end, the girl who was left alone suffered from illness and died. And a flower bloomed on her girl's grave. It is said that the flower's bud resembles the crown that the crown prince will inherit, the petals resemble a knight's sword, and the roots resemble gold bars that the merchant's son will inherit. That flower is a tulip.

This story, made up for her metaphor, explains well that the tragedy of the girl who became Tulip was none other than her failure to choose and give up properly. In order to succeed, you must have the wisdom to boldly give up what is worth giving up and choose what is important without letting go. Every young person has to make choices about everything, including which university to go to and who to marry. In other words, life is a series of choices. Choices determine the future. Your current appearance is a result of your past choices. In other words, the choice is momentary, but the result is eternal.

7.2 Why you should focus on one thing

The 10,000-hour rule is mentioned in Malcolm Gladwell's book 〈Outliers〉. This means that in order to achieve great results in one task, prior preparation or training through 10,000 hours of learning and experience must be made.

If you work 10,000 hours, an average of 3 hours a day or 20 hours a week, it will take 10 years. The geniuses we often talk about, people who left behind great achievements such as Einstein or Picasso, have something in common: they achieved rapid growth after at least 10 years of intensive investment in one thing.

The point of this rule is that it is better to complete one task and feel confident that you have done it than to do several tasks at the same time and not be able to complete any of them properly. It is said that our brains are not suited to multi-tasking and can actually only perform one task.

Therefore, if we perform multiple tasks at once, not only will we not be able to complete one task properly and then switch to another task, but it will also injure our brain. Our brains are designed to focus on one thing at a time, so sending a lot of information to our brains slows them down. Moreover, we must keep in mind that performing several tasks at once reduces the quality and efficiency of our work.

Pruning is done every year in the orchard. It is to bear good fruit. Our lives also need pruning from time to time. This is because you have to prune well to be able to focus, and only by concentrating can you bear fruit.

If you think you are not living a fruitful life, you need to look carefully to see if you have too many branches. First, you need to figure out what is most important in your life. And everything else needs to be boldly branched out to simplify life.

Then, if you invest intensively in it for 10 years, great achievements will follow. Next, we will look at the life of Bill Gates, who became the computer emperor by focusing solely on computer research at the age of 13, and became the emperor of philanthropy by focusing solely on philanthropy at the age of 46.

7.3 Bill Gates became the computer emperor by focusing on computers

Bill Gates was born on October 28, 1955 in Seattle, Washington, to his father William Gates and mother Mary Gates. His parents were English-American, German-American, and

Scottish —Irish immigrants. It is said that his family was upper middle class, his father was a prominent lawyer and his mother was a teacher. Also, when Bill Gates was young, his parents wanted him to work in the legal field.

If you drive about 10 minutes north of downtown Seattle on the 5 Freeway, which runs north to south across the western United States, you will find a school called 'Lakeside' located in the woods. Lakeside School is one of Seattle's prestigious private middle and high schools. At the entrance to the school is a two-story building called the 'Allen and Gates' building. This building commemorates Paul Allen and Bill Gates, who graduated from this school and founded Microsoft (MS), the world's largest software company. It is currently used as a science laboratory for students.

Bill Gates's decision to enroll at Lakeside School was influenced by his parents' consideration. Bill Gates attended a public elementary school called 'View Ridge' near his home. However, it is said that in public schools at the time, boys with good grades were not allowed to join the group of boys and were so-called 'ostracized'.

This was because the idea that it was girls' responsibility to study hard and get good grades was widespread among boys. So, to avoid being bullied, Bill Gates studied hard only math and science, which he liked, and got A's, but he deliberately did not study for the other subjects and got C's and D's.

Bill Gates' parents visited a psychiatrist to help their son deal with his problems. The psychiatrist advised that rather than trying to adapt the child to the environment, change the environment to suit the child. So, Bill Gates' parents found a prestigious private school.

Lakeside was attended only by male students, and it was a place where students who were so brilliant that even kids who were called stupid at Lakeside were evaluated as smart by other schools' standards. Once exposed to appropriate competition, Bill Gates began to unleash his hidden abilities.

When he was in his third year of middle school, he decided to get an A in every subject, even if he didn't bring home the textbooks he had left at school and study, and he actually got an A in every subject. He swept the top ranks of national math competitions, and in high school, he took regular math classes at the University of Washington and competed with college students to earn credits.

Bill Gates not only enjoyed competition, but also experienced a sense of accomplishment. By exposing their son to appropriate competition, Bill Gates' parents taught him the value of competition, a cornerstone of becoming the world's richest man.

At the age of 13, Bill Gates entered Lakeside School, an upper-class private school. When he was in eighth grade, the school's Mother's Association decided to use the proceeds from a charity bazaar to purchase time on General Electric (GE) computers. Gates became interested in programming in BASIC on this GE system, and was exempted from math classes to practice programming more.

He created the Tic Tac Toe game that ran on this system,

the first program he created that allowed humans to play against a computer. He also created another game, The Moon Landing Game. He was fascinated by this machine, which always executed the entered code perfectly.

As Gates later recalled, he said that the machine was truly amazing to me. When Mothers' Association donations ran out, Gates and several students bought time on DEC's minicomputers. One of these systems, called the PDP-10, was produced by Computer Center Corporation (CCC), and four Lakeside School students, including Gates (Bill Gates, Paul Allen, Rick Wyland, and Kent Evans), later developed the system. It was discovered that he was using a computer for free by exploiting a bug in the operating system, and he was banned from using it by this company.

After high school, he went to Harvard University and majored in applied mathematics, but while attending school, he founded Microsoft with Paul Allen in 1975 and interrupted his studies.

At the time, he planned to go back to school if his business didn't work out, but that didn't happen due to Microsoft's success. That's why Bill Gates is called the emperor of computers.

As he and his father said, Bill was neither a strong man nor a brilliant genius. His extraordinary curiosity about computers and big dreams changed him every day. That is the secret to his incredible success.

What to keep in mind here is that if you change the g in change to c, it becomes chance. Therefore, we need to keep in mind that opportunities are always hidden within change.

Bill Gates loved computer programs since he was young. It is said that when he dropped out of Harvard University and tried to found Microsoft with Paul Allen, his parents were against it.

Faced with his parents' advice to graduate from college and start a business, Bill persuaded his parents with the argument that he could always graduate from college, but that if he didn't start his own business now, he would never have an opportunity like this again.

It is said that when he dropped out of school, his parents realized that business was not going well and decided to go back to school and graduate in a year or two. And since I could graduate in just one more year anyway, I don't think there was much to stop me.

In addition to Bill Gates, people who gave up college studies to create a world-leading company in their 20s include the late Steve Jobs, who created Apple's iPhone, and Mark Zuckerberg, the founder of Facebook, which has hundreds of millions of users.

Bill Gates founded Microsoft at the age of 20, Steve Jobs created Apple Computer at the age of 21, and Mike Zuckerberg has run Facebook since he was 20.

On April 4, 1975, Paul Allen and Bill Gates founded this company under the name of Microsoft in Albuquerque, New Mexico, to develop and sell the BASIC interpreter. Shortly after founding the company, they designed the first personal computer, which until then had become a commercial success. They developed an easy computer programming language, and by using this, Microsoft miraculously gained leadership in the personal computer software market in the 1990s. Afterwards, he released Windows 95, an operating system for personal computers, which was a huge success, and Bill was honored as the world's richest man.

7.4 Bill Gates became the king of philanthropy by focusing on philanthropy

Bill Gates stepped down from his position as CEO of Microsoft in January 2001, when he turned 46, and retired permanently from Microsoft on June 27, 2008.

Since then, Bill Gates has devoted himself to running the 'Bill-Mellinda Gates Foundation', which he created in 2001. Because of the foundation's enormous financial scale and advanced management techniques for finding appropriate sources of donations, the foundation has been verified as the leading organization among charities around the world. The Gates couple, who founded this foundation, were selected for the second time among America's 50 greatest philanthropists in 2007.

The image of Microsoft founder Bill Gates drinking water recently became a hot topic. The water in the glass is made by boiling human excrement. The steam released when boiling excrement is purified and used as drinking water, and the remaining waste is burned to generate electricity. This processing device was developed by an American company called 'Janicki Bioenergy'.

The Bill & Milinda Gates Foundation, founded by Gates and his wife, is supporting a project to supply drinking water and electricity to underdeveloped countries with this device. In addition, Gates is actively working to solve problems such as healthcare and education around the world. We are supporting the development of next-generation condoms to prevent AIDS, and are also carrying out a project to support 320,000 public libraries around the world for the 1 billion 'information poor'.

Bill Gates, who was once called the world's richest man, is now more familiar with the title of the world's greatest philanthropist.' The three people who transformed him into a philanthropist are said to be his father, his wife, and the first generation of American wealthy people.

Bill Gates, a father who passed on values rather than money, cites a report he read in 1993 as an important milestone that sparked his interest in philanthropy. The graph in this report showed that 500,000 children die from rotavirus each year. Gates was shocked by the fact that even if 100 people died in a plane crash, all the media made headlines, but no one paid attention to a disease that killed 500,000 people.

As he began his donation activities in earnest, Bill Gates sought help from his father, William H. Gates. This is because his father, who founded the charity 'William H. Gates

Foundation' in 1994, was also a senior in donation activities. The foundation founded by his father was merged with the Gates Education Foundation six years later in 2000 to form the 'Bill and Melinda Gates Foundation'. William Gates currently serves as co-chairman of this foundation.

William Gates also appears to have influenced his son's values regarding money. William Gates was a wealthy lawyer, but he did not give Bill Gates any start-up funds because he thought he would ruin his children if he just passed the money on to them. Bill Gates and his wife Melinda have also pledged to leave only $10 million (about 10.8 billion won) to each of his three children and donate the remaining 95% of his wealth.

Bill Gates married Melinda Gates, a former Microsoft employee, in 1994. Melinda has also been mentioned as the person who persuaded Bill Gates, who had no interest in donations until his marriage, to turn into a philanthropist. Bill Gates began encouraging other millionaires to donate more than half of their wealth in 2010, and Melinda's influence is said to have been crucial to this activity. She read the book 'The Power of Half' and was so impressed that Melinda encouraged Gates to start his own donation drive. Half the Power tells the story of Kevin Salween, a former Wall Street Journal reporter who sold his house and donated half of his sale proceeds. The Gates couple also invited Salween's wife to hear more details about the donation.

America's first generation of wealthy men — the early pioneers of American capitalism, including oil king Rockefeller, steel king Carnegie, and automobile king Ford – also influenced Bill Gates' transformation. Gates mentioned at an event in 2013 that he was greatly influenced by the first generation of philanthropists when it came to his philanthropy.

Among these, the person who is considered to have had the greatest influence on Gates is John D. Rockefeller (1839-1937). Rockefeller and Gates have many similarities. Rockefeller, who founded the oil refining company 'Standard Oil', monopolized the oil industry by destroying competitors one after another with a low-price offensive. Still, he regularly paid tithes to the church during his lifetime, and later made huge donations to his son's generation, clearing the name of being a ruthless capitalist.

Microsoft, founded by Gates, also suffered from controversy in its early days for monopolizing the market by installing the web browser 'Internet Explorer' as standard within the 'Windows' operating system. Gates once said in a past interview that he felt confused about making money and giving it away to others at the same time. The story goes that he didn't have much interest in his donations or charity work until he turned into a philanthropist.

7.5 The sooner you choose your career path, the better

Yook Dong-in, a visiting professor at Kangwon National University, explains why people hesitate to choose a career and the importance of choosing a career quickly, saying,

"Whether you are a student or in your 60s, "I don't know what I really want to do." It was introduced in the Dong-A Ilbo on May 13, 2019 under the title "Why?" I recommend it to young people who have ambitions but are worried about career choices to read.

As you drive on the highway, you will see a junction sign. This is where the road diverges. Depending on which path you choose, the direction and destination will be completely different. Once you make a mistake, it is not easy to turn back.

The same goes for your life path. There comes a point in life when you have to choose which path to take or what job to have. This is the so-called career turning point. There are several career turning points, such as 3rd year of middle school, 3rd year of high school, college graduation, 3 years after starting your first job, early 40s, around 60s, and around 80s. Just like at a highway junction, once you make a choice, it is difficult to go back.

The third year of middle school is the time when students first think about their career path as they decide to go to higher schools such as general high schools, specialized high schools, vocational high schools, and special purpose high schools. High school seniors worry specifically about their future jobs while choosing a college and major. As children leave adolescence, it is a time to take responsibility for their own decisions.

Graduation from college is a time when one's role changes from student to office worker by getting an actual job. That's how I became an office worker, but the three years after joining my first job were a period of worry again. People who are new to the workforce constantly worry about whether to stay at their current job or move to a better job.

I am in my early to mid-40s, when I have accumulated some experience in social life, and I am about 20 years into my working life, and I am worried about whether I should continue this job for the remaining 20 years of my working life. People in their 60s and older worry about their careers after retirement, and people in their 80s think about what they should do with the rest of their lives.

What's interesting is that Koreans have almost the same concerns at each juncture. When doing career consulting, people unanimously say, "I don't know what my aptitude is or what I really want to do." It is no different whether you are a student, in your 40s, or in your 60s. In a paper that analyzed 'career identity by quarter of life' through interviews and surveys by generation, it was statistically confirmed that "people in Korea repeat career concerns and identity confusion at every point of career transition."

Why does this phenomenon happen? There may be many reasons, but the biggest one is that I have not properly explored myself. When I was young, I accepted the decisions of my parents and teachers, and lived my life compromising with reality, avoiding serious concerns while living in society. Because I don't know myself, I can't find a job that suits me, and I'm worried about what I should do after retirement. It's like living someone else's life for the rest of your life.

The sooner you understand yourself, the better. If you know yourself from a young age and have a career path set accordingly, the worries you experience at each career turning point will be greatly reduced. Of course, the younger generation these days has a growing tendency to confidently choose a career that suits their personality without worrying about what others think.

However, it is not yet a trend. Most of the career counseling in schools at each level is no different from the 'admission counseling' in upper-level schools. Would it be better if a place like 'Korea Job World', which the government built in Bundang with a lot of money to help people find the right career path, opened in each neighborhood?

7.6 A poem about concentrating on one thing

〈Consistency – Concentrating on one thing〉
If you want to stand at the door of opportunity
Usually, you must stay on your back for about 90 minutes.
It's a matter of sitting in a chair.

At least that amount of time
By focusing on achieving results
This is a reason to concentrate on the given task.

If you get immersed in it, the tension goes away.
If an hour and a half is too much for you

Add some music sometimes and get absorbed in it.

Yes. Sweet music is
Like the free spirit of the wind
The wisdom of life that heals deep wounds
Surely, I will also grant the blessings of this land.
The number one enemy of concentration is the smartphone.
Put your smart phone on silence for a while
Place it away from the workplace
Leave it to the family going out!

If you consistently focus on one thing,
The reason why the probability of success is increased,
The brain is also not suited to multi-tasking.
This is why it is given the function to handle one task.

− Suk Hi Kim

Chapter 8
Longevity Is an Extended Opportunity

"There is wisdom in old men, and understanding in those who live long."

– Job 12:12

"Age is just a number, not a state of mind or a reason for any type of specific behavior."

– Casella Amer

⟨content of this chapter⟩

8.1 Diary of a 95-year-old man

8.2 Extended opportunities are a blessing

8.3 A successful person at an older age

8.4 Time for extended opportunities

8.5 Poems about longevity

8.1 Diary of a 95-year-old man

"I worked really hard when I was young. As a result, my skills were recognized and I was respected. Thanks to that, I was able to retire proudly when I turned 65. I don't know how many tears of regret I shed on my 95th birthday, 30 years later.

My 65 years of life were proud and proud, but the next 30 years were a life of shame, regret, and sorrow. After retirement, I said, "I have lived now. With the thought, "The rest of my life is just a bonus," I just waited for a painless death. I lived a fleeting, hopeless life for 30 years.

Thirty years are a long time, equivalent to one-third of my current age of 95. If I had thought I would have another 30 years to live when I retired, I really wouldn't have lived that way. At that time, I made a big mistake in thinking that I was old and that it was too late to start something.

I am now 95 years old, but I am healthy and alert. Maybe I will live another 10 or 20 years. Now I'm going to start studying the language, which is what I wanted to do. "The only reason is so that when I celebrate my 105th birthday in 10 years, I won't regret why I didn't start at 95."

— ⟨Author unknown⟩

8.2 Extended opportunities are a blessing

We learn one lesson from the above monologue. Depending on how you think about it, longevity can be an opportunity to extend your life. "Please stay healthy for a long time." "Long live and be strong." Not only are these words good words, but they also believe that longevity is a blessing.

The reason longevity is a blessing is because longevity is an opportunity. And that opportunity will be a time to gain something, enjoy something, and realize something. When you get older and retire, you have more time to spend with your family, you can enjoy hobbies that you couldn't do because you were too busy, and you realize that difficulties and misfortunes can be overcome with wisdom.

Professor Kim Hyung-suk said in his book 〈Living for 100 Years〉, "When you are young, you need courage, you need faith when you are middle-aged, but when you are old, you need wisdom."

Because wisdom generally accumulates with age, conflict resolution skills tend to improve with age. Before exploring the relationship between age and wisdom, it is necessary to understand what wisdom is.

Stephen Covey argues for holistic education in his book 〈8 Habits.〉 To understand holistic education, a primary understan-ding of the five stages of the civilized world proposed by Peter Drucker, namely, the Stone Age (hunting and gathering age), the agricultural age, the industrial age, the knowledge and information age, and the emerging wisdom age, must be given.

The technology of the Stone Age was focused on bows and spears, the technology of the Agricultural Age was focused on farm tools, and the technology of the Industrial Age was focused on factories, so most workers mainly used their hands and bodies to carry out their production activities. However, since the modern society we live in is the information and knowledge age, the subject of production activities is ultimately human. Therefore, for efficient production activities, holistic education and training are most necessary.

These five stages of civilization have two characteri- stics.

First, the average worker of the time produces 50 times more products than the average worker of the previous stage.

Second, the next era destroys most workplaces of the previous era. Therefore, the gradual disappearance of industrial workplaces such as manufacturing has little to do with government policy or free trade agreements. Most economic forms are simply phenomena that occur naturally as we transition from the industrial age to the information and knowledge age. Therefore, from the early 1980s, when the information and knowledge era began, passing the industrial era in which workers were guided with carrots and sticks, the logic that workers should be guided through holistic education gradually expanded.

As the information age reaches its peak, anyone can acquire most knowledge on their own. A variety of knowledge is important, but more than anything, the era has come where we need the wisdom to acquire and use the necessary knowledge. To put it simply, wisdom is the use of information, that is, setting a direction, so it can be basically summarized in two words: 'focus' and 'execution'. Choosing a simple solution when there is a complex problem is a case of focusing and executing.

It may be the end for those who despair at the age of 80, but it may be a beginning for those who see extended opportunities as dreams and hopes. Didn't they say, "Life begins at 80"? People over 80 may often feel that life is too meaningless. If so, you need to remember the two words that are always included in New Year's greetings: hope and happiness. Yes. Even people over 80 can welcome a hopeful new year and look forward to a blessed year, depending on how they decide.

There is hope for everyone starting life anew, regardless of age. And hope is the seed that brings happiness. The point is that hope and happiness lie within each person"s heart. We need to keep in mind that a life with hope for the future is happier than a life of satisfaction in the present. The reason is that hope is a condition for happiness.

If you think about it, every moment in life is an opportunity. Among them, I believe that the period of enjoying a long life is a moment of last opportunity that is more precious than ever.

When I was in high school, my grades in subjects such as mathematics and physics were much better than those in humanities subjects such as Korean or English, so I began my college career at Yonsei University in 1957, majoring in electrical engineering. I didn't realize it until I enrolled in the Department of Electrical Engineering, but it wasn't until I entered college that I deeply regretted choosing electrical engineering as my college major due to the mistaken belief that studying electrical engineering would make me a great person. Therefore, during the three semesters that I majored in electrical engineering, I did not take school classes, but instead read books in the humanities, including poetry, essays, and novels, and occasionally felt the impulse of wanting to become a poet in my youth.

I eventually changed my major to economics and financial management, but my vague nostalgia and interest in literature remained throughout my life. In 2016, sixty years after I wanted to become a poet, when I was feeling the transience of life due to a great pain that occurred in my family, one day the word poetry suddenly passed through my head like lightning.

Needless to say, this incident was the catalyst for my decision to spend the rest of my life (extended opportunity) writing and reading poetry. In other words, poetry has become a dream beyond a dream for me.

In summary, I became happy again because of this dream, I will work hard to achieve this dream, and I decided to live a lively life because I have a new dream. However, I made a promise to myself that I would try to write good poetry that empathizes with and heals the pain of underprivileged people or wounded neighbors.

8.3 A success at old age

The Chinese idiom 'great chronicity' is commonly used

today to refer to a successful person at an older age.

Choi Yong of the Wei Dynasty during the Three Kingdoms period in China was a famous and handsome general. However, for some reason, his younger cousin, Choi Lim, not only had poor physical strength and character, but was also not very good at speaking, so in contrast to Choi Young, there was no way for him to succeed at all.

Even his relatives always despised Choi Rim, which was different from how they treated Choi Young. However, his older cousin Choi Young wisely saw through Choi Rim's personality and recognized that he was not a person to be overlooked.

"Small bowls and bells are made quickly. However, large bells or large pots are not so easy to make. Likewise, it takes a long time to create a great character. In my opinion, you are the same, so don't be discouraged and work hard. "If you do that, you will definitely become a big person."

Indeed, as Choi Young said, Choi Rim later became one of the Three Dukes who assisted the emperor and transformed into a great politician who performed an important mission by taking on the role of assistant to the emperor.

What Nelson Mandela (South Africa), Kim Dae-jung (Korea), and Ronald Reagan (The United States) have in common is that all three not only became heads of their countries after the age of 70, but also became great politicians who changed the world.

There are people who give up extended opportunities in our precious daily life, and there are people who believe that the period of enjoying a relatively long life is a moment of last opportunity that is more precious than ever. It is necessary to remember that these three politicians are the finalists in their lives who, even when faced with a crisis that was difficult to overcome, exercised their tenacity even more and eventually succeeded by turning the crisis into an opportunity.

In order to have the opportunity to extend your life, you must first know the secret to longevity. Health does not simply refer to the physical state of weakness or the presence or absence of disease. It refers to a state of good health mentally, physically, and socially, with both body and mind healthy.

In order to maintain a healthy body that meets this definition, the necessary elements that we must keep in mind and practice in our daily lives are

1) moderate physical exercise,
2) smooth breathing,
3) balanced nutrition,
4) mental relaxation, and
5) There are five things to consider, including drinking enough water. Not only are each of these five elements important, but they also play complementary roles, so none of them can be neglected. When all five are in harmony, you are at your healthiest.

If you are mentally and physically healthy like Professor Kim Hyung-suk, opportunities and sparks of hope will always remain even as you grow older. The Dong-A Ilbo reported on November 7, 2019 that the lesson that Professor

Kim (100-year-old teacher) gave to his students (90-year-olds) when he was a teacher at Jungang High School was, "Study, not play, even when you get older."

"After living for a hundred years, I realized two things. People who love their work are healthy, so don't play and study even when you get older. And I would like to ask you to have confidence. "If you think it's over, your life will really be over."

In other words, this means that for those who despair at 90, life is the end, but for those who see extended opportunities as dreams and hopes, it may be a beginning. These words are said to be the lesson that Professor Kim gave to Lee Gon and his fellow students at the exhibition hall of his disciple, Lee Gon, a 90-year-old calligrapher, held in Jongno-gu, Seoul on November 6th at 2 p.m.

"Life is all about challenges. You too, keep working. If a person gives up on work, he dies," is said to be the retirement speech of Osamu Suzuki, the chairman of Suzuki, Japan, who stepped down at the age of 91.

The reason he is stepping down this time is not because of health issues. In addition to his judgment, he is said to have no major problems with his walking, to the point where he enjoyed playing golf once a week last year. There is an analysis that he 'retired' to give his son Toshihiro Suzuki (61) a chance. President Toshihiro Suzuki, who will succeed him, said, "His father said he would be active all his life, so I had no idea he would step down at this point." Chairman Suzuki plans to continue working as a counselor (advisor).

If you want to become rich, you must imitate the habits of the rich, and if you want to exercise well, you must imitate the form of an athlete. If you want to use longevity as an opportunity to extend your life, the same can be said of Professor Kim's lessons and Chairman Osamu Suzuki's retirement speech. Therefore, the first key to a success at old age is to pay attention to your health from a young age. The population of 100-year-olds is increasing. Scientists are revealing that the human lifespan has more than doubled over the past 200 years, and that the first human to enjoy a long life of up to 150 years may have already been born.

The longest-living person whose age can be confirmed by an official birth certificate is Jeanne Cramon, a French woman who died in 1998 at the age of 122. She cited food rich in olive oil, wine, and a smile as the secret to her long life.

However, there is no point in living to 100 years old, unable to measure one's own body and relying on the help of others due to her sickly state. Ten ways to extend one's life in a healthy manner introduced by the British daily 〈The Independent〉 on October 7, 2007 are as follows:

1) **Regular exercise**: Just 30 minutes of regular exercise such as swimming or walking three times a week can extend your lifespan by several years. Exercise is the best medicine to stay young.
2) **A little stress**: A little stress not only stimulates the body's natural recovery mechanisms, but also energizes and slows

down the aging process.

3) **Living in a good area**: Where you live is important for longevity. Okinawa, Japan, has gained a reputation as a village of longevity due to the large number of elderly people living long and healthy lives. In comparison, the life expectancy of people living in poor and polluted urban areas such as Glasgow, England is only 54 years.

4) **Becoming successful**: Studies have shown that the more wealth, opportunities, success, and education you have, the longer you live. There was also a report that actors who received Academy Awards lived longer than those who did not.

5) **Eat healthy foods**: Foods rich in antioxidants and beta-carotene, such as spinach and broccoli, help you live longer by delaying the aging process.

6) **Challenge yourself**: Mental health is just as important as physical health. Stimulating the brain and being active can strengthen the immune system and delay the onset of many diseases, from depression to dementia.

7) **Enjoy life**: Good relationships are the secret to a long life. Married men live an average of 7 years longer, and married women live an average of 2 years longer. Chocolate, wine, and laughter are also good longevity medicine.

8) **Finding God or a Friend**: Religion provides rewards not only in the afterlife but also during life. More than 100 reports have been published showing that religious people live an average of 7 years longer than atheists. Like religion, friends can be an important factor in living a happy and long life.

9) **Reduce the amount you eat**: Reducing your caloric intake by 10-60% can increase your lifespan by lowering your metabolism and production of harmful free radicals.
10) **Check your health regularly**: Checking your health regularly before you develop a life-threatening disease is also a way to live to 100 years.

8.4 Poems about Time for Extended Opportunities

⟨December⟩
The back must be beautiful
He is truly a beautiful person.
The aftertaste should be refreshing
It is truly delicious food.
A meeting with a clean ending
It will remain as a good memory for a long time.
The calendar was thick.
The last one is hanging
this moment
Let's cherish it like a jewel.
In time that has already passed
Don't have any regrets
To a clean finish to the year
Let's do our best!
As if getting started is half the battle
The end is half done.

— Jeong Yeon-bok

〈Indongcho (忍冬草) —Kim Dae-jung〉

With the indomitable spirit of the Hauido farmers,

"After overcoming five mortal hardships,

Sentenced to six and a half years in prison.

I lived under pension and surveillance for 20 years,

Although I also spent three and a half years in exile."

Fight until the end

Look at the honeysuckle flower that has bloomed like that.

Without fear of trials and frustration

Challenge and challenge again

Through a long dark tunnel

Flowers blooming at the foot of the mountain in Hugwang-ri

Sunshine Policy and Nobel Peace Prize.

beautiful exit

And a visit to my hometown.

Ah, the blessing of endless grace.

On my last visit to my hometown

"If I go now, when will I come?"

It's an uncertain path, but

I will definitely come back

I'll come back like the dawn

Come back and ring the bell

"I will strike the Liberty Bell"

Left by a leader of peace and human rights

Let us not forget his words.

— Suk Hi Kim

Chapter 9
Brain health :
How to Build a Better Brain at Any Age

"Until recently, even the scientist community thought that the brain developed up to a certain age. But that thinking is wrong. An increasing volume of evidence shows you can enjoy a quick thinking-brain throughout your life."

— 〈Sanjay Gupta〉

〈content of this chapter〉
9.1 How to build a better brain
9.2 Act like a religious person
9.3 Stress and success
9.4 Poem about foresight

9.1 How to build a better brain

Many of us do all sorts of things to keep our bodies fit and healthy, but how often do we do the same to keep our brains healthy? Most people have not tried to keep their brains healthy on the basis that the brain develops until a certain age. But Sanjay Gupta and other endocrinologists argue that we can keep our brains healthy and sharp at any age. People who want to leave their mark on this world need to make efforts to keep their brains fit and healthy because not only physical health but also brain health is essential.

In his book "Keep Sharp," Dr. Sanjay Gupta, a neurosurgeon and CNN chief medical correspondent, says you can keep your brain young, healthy, and sharp by doing the following five things, no matter how old you are:

> Exercise (the miracle of movement)
> Challenge new things (the power of purpose, learning, and discovery)
> Sleep and relaxation (the need for sleep and relaxation)
> Good food for brain health (food for thought)
> Social connection (connection for protection)

1) Exercise

The five most important factors for mental health are exercise, trying new things, sleep and rest, food, and social participation, but the most important thing of these is exercise. Regardless of age or gender, even if you have not exercised consistently in the past, if you start exercising right now, it will have an amazing effect not only on your overall body health but also on your brain health. That is why some experts say, "A healthy body resides in a healthy mind"!

According to a research study, 10 different drugs that were said to be good for dementia were used on patients, but it was concluded that not a single drug was effective. According to the USA's Centers for Disease Control and Prevention, 80 percent of people do not get enough exercise. However, only 23 percent of men and 18 percent of women get enough exercise.

In general, exercise improves digestion, metabolism, body elasticity and strength bone density. Most people think of exercise as weight loss, and this is true. Exercise does more than that. It can activate smart genes, support emotional stability, and prevent depression and dementia. Choosing an exercise that suits you will be enjoyable and will increase your self-esteem and confidence.

2) Challenge new things

The phrase most often used when talking about taking on new challenges is "Never retire." "It is said that the risk of developing dementia decreases by 3.2% for each additional year you work." If any part of the human body, such as arms, legs, or waist, is not used, it will deteriorate. Of course, the brain is no exception.

Taking on new challenges can be divided into a strong sense of purpose, learning, and discovery. People with a strong sense of purpose tend to stay in their jobs for a long time. These people are always faced with new problems and situations so that they have to use their brains, thereby making their cognitive abilities more slowly deteriorate than those who retire early. However, after retirement, these people feel comfortable physically but uneasy mentally. In this case, you need to find a purpose in life so that you can live the rest of your life meaningfully.

A high IQ or higher education protects people from dementia. However, this does not mean that you must be smart or have many degrees to prevent dementia. Newspaper subscriptions, video games, and card games can also help improve mental health.

Memory depends on both physical and mental health. We do not have to keep a full-time job to allow our brains to try new things. For example, learning something new by signing up for a class for seniors, volunteering at church or a charity, renewing a library card, or pursuing a hobby can naturally benefit our mental and physical health.

3) Sleep and relaxation

It is said that two-thirds of people living in modern developed countries are chronically sleep deprived. Chronically getting insufficient sleep puts you at higher risk for dementia, depression, mood disorders, learning and memory problems, heart disease, weight gain and obesity, diabetes, fall-related injuries, and cancer.

Almost all sleep aids help us fall asleep faster and thus

get more sleep overall, but they do not allow us to experience as restful sleep as natural sleep. As we get older, our sleep time decreases. As we get older, our sleep patterns change, it becomes more difficult to fall asleep, and it is more difficult to get enough sleep than when we were younger. However, the need for sleep does not decrease with age.

Here are 10 secrets to sleeping well:

a. Stick to your schedule and do not take long naps.
b. Do not be a night owl.
c. Wake up to early morning sunlight.
d. Exercise.
e. Be careful what you eat and drink. For example, avoid alcohol or coffee in the late afternoon and avoid overeating in the evening.
f. Be careful with medicine.
g. Make your bedroom cool, dark, and quiet.
j Get rid of electronics.
i. Establish a bedtime ritual. Thirty minutes to an hour before bed, relax and do things that help your body recognize that bedtime is approaching. For example, take a warm bath, read, listen to music, or drink warm milk.
k. Be aware of warning signs, such as sleep problems.

4) Good food for brain health

The impact of food intake habits on brain health can be divided into three categories. Foods that are good for brain health (A list), foods that are bad for brain health (C list), and foods that are neutral to brain health (B list) are listed as follows.

A list: Foods that are good for brain health (foods you should eat regularly)

Fresh vegetables, blueberries, fish and seafood, healthy fats (olive oil, avocado, eggs) and nuts and seeds.

C list: Foods that are bad for your brain health (foods to avoid)

Full-fat dairy products high in saturated fat, such as fried foods, pastries, sweets, red meat, cheese, and butter.

B list: Neutral foods for brain health (foods to eat occasionally)

Beans and other legumes, whole foods, low-fat, low-sugar dairy products (such as plain yogurt and coated cheese), and poultry.

5) Social Participation

Here are some tips to help you stay socially engaged:

a. Focus on the relationships and activities you enjoy most, such as team sports or groups centered around hobbies.

b. Stay in regular contact with relatives, friends, and neighbors.

c. Maintain social relationships with people of different ages.

d. Volunteer at your school or community center.

e. Have at least one friend with whom you can communicate regularly, who you trust, and whom you can rely on. That person should be someone you can trust and rely on.

f. Try joining an organized club, such as a church or book club.

g. Consider adopting a pet.

h. If you feel isolated, contact a professional who can help, such as a religious leader or a telephone hotline.

9.2 Act like a religious person

The first study of work-related mortality was conducted by Englishman Chad Woke in 1842. Afterwards, similar surveys were conducted in many countries around the world, including Korea. However, one thing in common is that there was no significant change in the order of death rates by occupation.

Professor Kim Jong-in of Wonkwang University in Korea drew extraordinary attention when he announced the average life expectancy by occupation in 2010. Compiling the results of a study spanning 48 years (1963-2010) targeting a total of 11 occupational groups, shows that there are so-called long-lived jobs and short-lived jobs. The difference is a whopping 13 years.

As a result of a 48-year survey of these 11 occupational groups, it was revealed that the occupations that lived the longest were religious people (pastors, priests, monks, etc.). "If so, I am curious. Why does occupation affect life expectancy?"

In response to this question, Professor Kim said, "We should learn a valuable lesson from the fact that religious people were classified as an occupational group with long lives in the results of this survey."

Religious people generally lead a regular life and practice mental discipline. Additionally, they have less stress due to good family relationships and do not become overly greedy. There are several unique conditions, such as not smoking and drinking, fasting, and living in a place with low environmental pollution. These are health virtues that are very easy to say, but difficult to practice.

To sum it up in one word, the lifestyle habits of religious people help them naturally manage stress and thus help them live longer.

The six easy ways to manage stress suggested by Professor Kim are as follows.

1) Become a master of positivity.

One of the tips to help you overcome stress is to change your negative mindset into a positive one. Even if you face difficulties that are difficult to handle, interpret them from a different perspective. If you think, 'This work must be done by today, and the success or failure of the company depends on this work,' your entire life will become stressful. However, if you change your mind and say, 'If you do your best at this, the results will be good. If you think, 'If it feels good, I should go on a trip,' your efficiency will also increase.

Of course, looking at everything positively is easier said than done. But try your best for yourself. If you find it difficult, you can borrow the help of others or the power of religion. Remember, God gives you hardships to make you stronger, and he always gives you as much hardship as you can bear.

2) Practice abdominal breathing.

Abdominal breathing refers to breathing with your

stomach. Children usually breathe abdominally. As you breathe in, expand your stomach, and as you exhale, push your stomach in as much as possible. Regular abdominal breathing has the effect of relieving tension caused by stress and relaxing all functions of our body, so try to breathe through your belly as much as possible when breathing.

3) Breathe slowly.

This is the easiest way to relieve stress that anyone can do. When you feel nervous or angry, count your breathing. You are probably taking shallow, rapid breaths. In this case, if you consciously relax your stomach and breathe slowly, you will feel comfortable. At this time, inhale as little as possible and exhale as long as possible.

4) Let us give up the greed for money.

Money is the most common cause of stress for modern people. However, it is not a problem that can never be solved unless you can control your greed. Financial stress becomes as severe and unbearable as your greed. Even if you make a lot of money, it is difficult to satisfy all your desires. Always be wary of excessive greed for money.

5) Get enough rest sometimes.

When a car breaks down, it stops. The same applies if you run out of oil. Our body is like this too. When you are tired, you must rest. Only then will the energy surge again.

Sometimes, let us stop for a moment and put a comma in our lives. Only then can you live a healthy life.

6) When you feel stressed, eat ginger.

If you have no motivation to do anything, have no energy, and are depressed due to loss of confidence, be sure to eat ginger. It is a cheap vegetable that can be easily found at supermarkets or marts, so it is good to consume it on a daily basis. Ginger stimulates the stomach, promotes digestion and generates heat in the body. With these effects, it reigns as the king of herbal medicines that eliminates the causes of all diseases. In particular, ginger can be healthy not only for your body but also for your mind, so eat it always. Ginger black tea is also good if you drink a cup a day to relieve stress.

In summary, if you want to be good at sports, follow the habits of athletes. If you want to become rich, follow the habits of rich people. The same goes for living a long life! If you want to live a long life, follow the pastor's lifestyle habits.

9.3 Stress and success

Repetitive overstimulation of the stress response system resulting from exposure to long-term, high-stress experiences is thought to affect brain structure, cognitive abilities, and mental health. When a person comes to this world, he or she must have a big dream and vision in order to leave a big footprint of his or her own, whether it is big or small in the eyes of others.

The problem is that challenging big dreams and visions comes with stress and anxiety. Anxiety comes from within, but stress comes from outside. The problem is not that their differences are important, but that everyone believes that stress and anxiety are the root of all diseases, so they try to avoid them. However, it is important to remember that stress and anxiety can be beneficial to mental and physical health and longevity, depending on how to avoid accumulating stress.

In his book "7 Habits of Highly Effective People" Stephen R. Covey says that stress can actually be a stimulant.

His 7 habits are as follows

1. Be proactive.
2. Start with the end in mind.
3. Put important things first.
4. Think about winning and winning.
5. Try to understand first and then be understood.
6. Use synergy.
7. Sharpen the saw.

In other words, successful people know and practice exactly how to deal with stress, that is, how to avoid accumulating stress. Since this issue was covered in detail in Chapter 10, we will only emphasize here that a little stress is actually helpful for health and longevity.

9.4 Poem about foresight

⟨When I Pray, My Heart⟩

1

When I pray, my heart goes to the sea

Even if it is worn and worn like a seashell on the white sand washed by the waves

If you pour out new words of gratitude and praise all at once,

My God who smiles at the end of the horizon

2

When I pray, my heart becomes heaven

Words of sadness and regret turn into rain

Words of joy and love pile up in white snow

Sometimes the fear is fleeting due to lightning and hail.

Sometimes it's a fleeting joy like a cloud or a sunset

The quietly shining sky of my prayers

The sun rising above this sky. moon. star. trust. hope. love

3

When I pray, my heart goes to the forest

As green as a pine tree

A tree as straight as bamboo, a forest where I stand as an honest tree

Sometimes the passionate language of red azalea flowers

Sometimes, the innocent language of white bellflowers blooms

A forest where I stand with a single flower

Standing in my prayer forest that knows no despair throughout the four seasons

My God who always lives in green laughter   − Lee Haein

Chapter 10

The Power of Voluntary Motivation

Self-help: "Do not go where the road leads. Instead, go where there is no path and leave a trace." — Ralph Waldo Emison

Hojo: "If we unite, we live, and if we disperse, we die."

— Admiral Yi

Heavenly Father: "Ask, and it will be given to you; seek, and you will find: knock, and the door will be opened to you. For everyone who asks receives; he who seeks finds; and to him who knocks it will be opened." —Matthew 7: 7-8

⟨content of this chapter⟩

10.1 What is voluntary motivation?

10.2 The power of regeneration

10.3 Methods of motivation

10.4 Perfect study method

10.5 Not having the motivation to work means losing one's point of view in life

10.6 Self-help. mutual assistance. heavenly help

10.7 The first step to success is helping yourself

10.8 Stress and anxiety can help your health and longevity

10.9 A Poem about voluntary motivation

10.1 What is voluntary motivation?

If a person comes to this world and wants to leave a big footprint of his own, whether big or small in the eyes of others, shouldn't he live a life with big dreams and vision? If a big dream is a life goal to strive for the community, a vision can be said to be a blueprint for achieving this goal.

In fact, big dreams and visions are inherent in every human being. It is inherent and must be awakened and developed. That is motivation. In other words, motivation refers to awakening human potential (big dreams and visions) and stimulating them to do their best. Since potential, whether in sports or art, is not achieved automatically, if you do not make efforts to develop your potential from at least your youth, the success of your dream will inevitably be that much further away.

When most people are motivated to achieve something, they have a desire to take on the challenge no matter how difficult it is. Desire does not simply refer to pleasure or lust, but has the power to motivate action, that is, to induce a sense of adventure.

Therefore, adventure can become a notable event in a person's history, and it allows us to boldly pursue and challenge the unknown while predicting uncertain outcomes.

We all have infinite potential. There is endless potential that has yet to be discovered. It is said that a person uses only 20-30% of his brain before his death. In other words, everyone has potential, but not everyone can develop and use this potential to achieve success.

Therefore, those who awaken the power of motivation, discover their sleeping abilities, and take action will succeed, while those who are lazy or have never tried something out of fear of failure will not succeed.

10.2 The power of regeneration

Humans have the power to overcome their own trials and move towards new opportunities. Perhaps, the 'power of reversal (resurrection)' that allows us to stand up again even if we fall and fail due to trial and error is located in the inner consciousness of humans.

People are beings who often make mistakes and fail, and are destined to undergo trials and suffering. Therefore, successful people activate their own power of regeneration, rise again even in despair, and eventually overcome difficulties.

However, those who fail cannot find the power of regeneration inherent within themselves and try to find answers only externally, ultimately failing or becoming frustrated. Sometimes, instead of thinking that the cause of failure is their own fault, they use self-justification to blame it on something external.

The act of not recognizing one's own mistakes and making vain excuses is simply foolish. However, people on the path to success never become frustrated or refuse to become complacent even if they fail at something.

It is up to each person to analyze the cause of failure with patience and try to find new opportunities. And you must admit your mistakes without missing even a single one, and constantly think about how to deal with new opportunities in order to never repeat failures again.

The power of regeneration to turn things around is inherent in everyone. So how on earth can we set the momentum for this reversal in motion? In order to turn a new opportunity into success, energy sources such as passion, grassroots spirit (spirit of an inventor), and spirit of challenge are absolutely necessary. By keeping dynamism in full swing through a burning passion for a purpose, the grit of an inventor who digs deep, and constant challenges, humans can ultimately transform even trials into success.

Everyone is afraid of change, so they hesitate to face challenges and new situations. Why? In any case, change will only lead to development if it starts anew. The fear of change increases with age. Young people should not worry too much about the results of change because they have time to recover even if they try something new and fail.

Of course, we must always remember that courage is needed to pursue value, as well as the need for maturity to pursue inner beauty rather than animal-like external growth. A dramatic opportunity to turn a difficult situation around comes from a crisis.

The ambitious young generation, who have little and have little to lose, need change. Therefore, if you do not want to miss out on a good opportunity, you must actively make changes and challenge the fate you have been given.

10.3 Methods of motivation

It seems that today's generation is more familiar with video than print. There is a trend toward acquiring knowledge and experience by communicating with the world through the smartphone in the palm of your hand. If you say to such young people, 'If you want to think deeply, you need to practice reading difficult books,' you will be treated as if you are behind the times. But there is a difference between reading and seeing.

Books make you think independently. It improves language skills and thinking skills. The reading experience in life is like the height of the watchtower. This is because the higher the watchtower, the farther you can see and the better you can prepare for the distant future.

Numerous studies have shown that reading can produce a richer imagination than watching videos or movies. Imagination leads to creativity. In particular, it has been found that young people are much more likely to read than adults. In addition, when you read, the framework of writing becomes ingrained in you, you become more focused, and you become more confident in your writing. Therefore, there is nothing better than reading for young people's true values and motivation to realize them.

"40th anniversary of opening (2021). The store area is 8598 m^2, the world's largest single area. Over 10 million members. 'Over 600 million copies of books sold over 40 years."

These are the achievements of the late Shin Yong-ho,

founder of Kyobo Life Insurance, who founded the Kyobo Bookstore Gwanghwamun branch in 1981. Despite opposition from those around him, he opened the Kyobo Bookstore Gwanghwamun branch 40 years ago today. As a child, he read and reread the Lincoln biography his mother gave him until it was tattered. He decided to establish Kyobo Bookstore with the idea of helping young people dream through books and achieve those dreams.

His words, "People make books, and books make people," clearly convey the purpose of establishing Kyobo Bookstore. I think this is a quote that today's ambitious young people should take deep into their hearts.

In his book 〈Drive〉, world-renowned futurologist Daniel Pink categorizes motivation into 1.0, 2.0, and 3.0.

Motivation 1.0 is the operating system of the primitive era and is the first biological drive such as hunger and sleepiness.

Motivation 2.0 is the operating system of the industrial age and refers to the secondary drive to seek reward and avoid punishment. Motivation 2.0 has persisted until recently, but Daniel Pink questions this method of motivation.

In the 20th century, the traditional carrot and stick method could lead to successful results, but today, when talent with future core competencies such as creativity and problem solving required by the 4th industrial era are needed, it may be the wrong method.

The limitations of Motive 2.0 were clearly revealed in the failure of Encarta, the encyclopedia created by Microsoft with a huge budget, despite 10 years of challenges. On the other hand, Wikipedia, an encyclopedia created by voluntary participants without any compensation, is a huge success and is published in 260 languages around the world.

It may be difficult to understand from the perspective of Motivation 2.0, which is represented by carrots and sticks, but the era we live in has become such an era. The 52% of web servers around the world have Apache, a free open-source software, installed.

So how is this new paradigm possible? Daniel Pink emphasizes that in order to voluntarily drive creative gain, we must pay attention to motivation 3.0, or 'intrinsic desire,' that everyone has. Of course, rewards are powerful when performing simple and clear tasks, but they are not effective when it comes to problems that require a creative approach. Rather, it is much more effective to provide intrinsic motivation for self-directed participation.

Daniel Pink says that self-motivation requires three things: autonomy, mastery, and purpose.

First, autonomy requires giving people freedom in what they do, when they do it, who they do it with, and how they do it.

Second, it is good to create an environment where one can immerse themselves in mastery. In order to become proficient, it is necessary to constantly strive and practice with the mindset that one's abilities can be infinitely improved.

Lastly, purpose means that humans have a natural tendency to pursue causes that are greater and more lasting than themselves.

However, the biggest framework within these three is the concept of self-directed voluntary motivation.

Russian writer Maxim Gorky said, "Work done as a duty is like the work of a slave." I think this is a quote that parents today who force their children to pursue a career path should take deep into their hearts. It is up to parents to decide whether to let their children live a shell life without motivation for achievement after a struggle with their parents, or whether to let them live a life full of vitality while pursuing their creative dreams.

10.4 Perfect study method

In their book 〈The Perfect Study Method〉, Ko Young-seong and Shin Young-jun explain motivation by dividing it into intrinsic motivation and extrinsic motivation. Intrinsic motivation typically refers to when an individual participates in a behavior because he or she wants to, without coercion, such as satisfaction, competitiveness, interest, learning, or challenge. On the other hand, extrinsic motivation refers to when an individual participates in an activity for external reasons such as praise, grades, preferential treatment, certification, or material rewards.

In fact, in the long run, intrinsic motivation has a much more powerful influence on achieving certain goals than extrinsic motivation. This is because people who study or work because they find it fun can achieve higher results than people who study to get good grades and work just to make money.

This is because people who rely on extrinsic rewards are likely to lose motivation if their grades are low or they do not earn the money they want, but people who like studying or working themselves continue to study or work regardless of changes in circumstances. Because it does. Therefore, extrinsic motivation can both decrease and increase intrinsic motivation.

Why do you study and work? If you ask a motivated person this question, you will find that there is a mix of intrinsic and extrinsic motivation. For example, if we look at the motivation of Ko Young-seong, the co-author of this book, it is as follows.

1) Writing books is a job for author Go. As the head of the household, you have to make money.
2) I hope this book will be of great help to many students and office workers.
3) I want to be recognized as a writer for writing a really good book.
4) I hope the eighth book also receives the rating of bestseller.
5) Writing a book is very challenging, but you will grow tremendously in the process.
6) I feel happy when I immerse myself in writing.
7) I think that reading to write a book is very beneficial because it leads to deep reading.

Among the motivations of Ko Young-seong, the co-author of the book, to write a book, 1), 3), and 4) are extrinsic motivations, but 2), 5), 6), and 7) are intrinsic motivations.

It can be seen that intrinsic motivation and extrinsic motivation are mixed, and artist Ko Young-seong never felt that extrinsic motivation undermined intrinsic motivation.

If so, it's strange. Why does extrinsic motivation reduce intrinsic motivation and sometimes create good synergy? When extrinsic rewards are given simply for completing a task, they are likely to have a negative impact on intrinsic motivation, but when given as evidence of 'growth,' intrinsic motivation can actually increase. Therefore, it is said that it is more effective for schools to establish a reward system such as personal best record awards or growth awards rather than giving first place awards or honors awards.

It is very important here to feel that you have grown and your abilities have improved. If you feel an improvement in your abilities through extrinsic rewards and have expectations about your potential, your motivation is likely to continue even after the extrinsic rewards disappear.

This is because one or two extrinsic rewards can provide the gift of anticipation, growth mindset, and self-efficacy. These things involve very strong intrinsic motivation. Of course, we must not forget that it is more important to arouse intrinsic motivation from a long-term perspective when studying or working.

10.5 Not having the motivation to work means losing one's point of view in life.

Why do we procrastinate? Because we couldn't find the

motivation to work. Losing motivation is like a ship losing the light of a lighthouse, or drifting without a destination. It is a life without indicators.

When you first try to achieve your dream, you may have a goal in mind, but because you are tired or working too hard, you may forget your original purpose. The spark of passion may have disappeared. That happens to everyone when they get tired.

In times like these, you need to find a way to create motivation to work, that is, to create dynamism in your life. You need to intentionally take time to revisit your short-, medium-, and long-term goals to remind yourself why you're working so hard. It can help you rekindle your initial enthusiasm and relive the excitement you had when you started.

Many people seem to have the mistaken idea that motivation is a 'one-time event.' I think that listening to a motivational program on audio or reading a book will help me become motivated and keep me that way. Just as eating a healthy meal for just one day won't maintain your weight, it's difficult to stay motivated that way.

Motivation is the fundamental energy that makes you want to achieve your dreams. If motivation is a means, dreams are the goal. In other words, the indomitable power of motivation must be based on a dream with a firm goal. Dreams that you will invest time and energy into will create strong motivation.

When you feel that your motivation and energy are weakening in daily life, it is a good idea to have a meal with a friend and have a conversation by asking for opinions, thoughts, and advice. This is because someone outside your daily life may be able to give you advice from a more objective perspective.

You may need someone to cheer you up when you're feeling down, someone to chat with to get you motivated again, someone to smile and say, 'You can do this, you know.'

One thing to be careful of is that you must choose your friends well. You need to find people who encourage you, not people who put you down and tell you your ideas are ridiculous.

Let's try to find the fuel that will make you fly like a rocket. What gives you energy to keep you motivated? Whether it's watching a movie, going on a hike, or reading that motivational book you read years ago, whatever works for you.

Or it could be yard work or finishing a painting that hasn't been touched in a while. Finding inspirational speech videos on YouTube and watching them every day can also be helpful. There are many simple things you can do right now.

It may be a mannerism that makes daily life monotonous and boring. So, you need to relieve the stagnant state with something that changes your mood and motivates you to do something new. For example, if you have always wanted to join a hiking club, it would be a good idea to join today.

Just the act of trying something new can stimulate your thinking, meet new people, bring you joy, and much-needed change. So, it's a good idea to think of something you've always wanted to do but have never done before, and figure out what the next steps are to make it happen.

There is a concept called a mastermind group. This word became famous after it first appeared in Napoleon Hill's book

"Think and Grow Rich" in the 1940s. This is a small group, and the goal is for everyone in the group to help each other.

Most mastermind groups meet once a month and ask each other for advice and help. So, you can join an existing mastermind group or start your own. If you are into mannerism, meet motivated people. This will increase your motivation level and you will receive encouragement and support.

10.6 Self-help. mutual assistance. heaven help

There are three types of help that people who want to succeed must receive in life. The first is self-help (helping oneself). This is helping yourself. It means living a diligent and sincere life so that one's life can be beneficial and helpful. The second is mutual assistance (helping each other). This is about people helping each other. The third is Heaven's help. This is receiving heavenly help on earth.

If we want to live a life of three helps, we must first live a life of self-help. Self-help is helping oneself to make one's life beneficial and blessed through one's own strength.

Birds fly in the sky with their wings. Trees grow high into the sky with their roots. Self-help is not a weak lifestyle that believes in the power of others and relies on others' power to live, but it is a life that develops and grows one's own life by making full use of one's own strength.

Next, we have to live mutual life. Mutual life is when humans help each other and live together. Humans can survive only by helping each other from the moment they are born into the world. Living a truly successful and happy life is not something that can be achieved through my own efforts. It is a law of nature that humans can survive only by helping each other.

There is no one in this world who lives on his own without the help of others. Life is about receiving and giving help to others in any form.

"Heaven helps those who help themselves."

"Where there is a will there is a way."

"A passionate goal will definitely come true."

These proverbs have been passed down through countless trials to the present day, and are eternal truths along with humanity. In other words, these proverbs mean that people with a self-help spirit will receive heavenly help on earth. These three helps are called the "Three Helps of Life", and when these three helps become one, you gain strength in life, achieve your dreams and hopes, and accomplish great things in life.

The first step to success comes from self-help. If achieving a dream is success, then you have to dream, and then you will find a way to reach that dream. First of all, the bigger the dream, the better, because a big dream gives us the dynamic to work harder.

Originally, my family planned for me to finish Mungyeong Middle and High School and go to Daegu to study at university. However, the reason I ended up studying in Seoul was because, a few months before I graduated from Mungyeong Middle School, in the second semester of my third year, my older brother, who had heard a false rumor that older people couldn't go to university, transferred me to Soong moon High School in a grade skipped.

When I came back to my hometown for the first summer vacation, I was shocked by the cultural differences between Seoul and the countryside, and this shock motivated me to have a big dream. In other words, for the first time in my life, I set a vague goal for my life. Since then, I have kept this big dream as my motto for the rest of my life.

There was a reason why my brother believed the false rumor that older people can't go to college. In 1952, when I graduated from elementary school, Korea' s middle school entrance exam system was the National Joint Examination System (1951–53). My national exam scores were quite good, but my entrance exam scores for Mungyeong Middle School were not so good. I entered elementary school at the age of nine with my nephew, who was three years younger than me. And at that time, the government had a system where students over a certain age had their scores reduced based on their age in order to reflect them in their middle school entrance exams. It was my brother who felt more sorry than I did about my situation of having my scores reduced so much and entering middle school.

Looking back, I remember my distant high school days, and my grades in academic subjects like math and physics were much better than those in humanities like Korean or English, so I started my college life as a major in electrical engineering. I didn't know this until I entered the electrical engineering department, but after entering college, I finally came to the conclusion that I couldn't become a great person by studying electrical engineering, and I gradually lost my motivation to study. Therefore, during the two years I majored in electrical engineering, I intentionally avoided school classes and read various liberal arts books on humanities, society, history, philosophy, and the environment to comfort my painful youth. I think the amount of liberal arts books I read during those two years was more than the amount I've read in my entire life.

Eventually, I changed my major to economics and financial management, and I thought that the two years I majored in electrical engineering were a waste of time. However, as time passed, I realized that the liberal arts books I read at that time motivated me to live with a big dream and vision throughout my life. In particular, the biographies of great people that I read during those two years played a role like the height of a watchtower in my life. Through the footprints they left behind while living on this earth, I was able to awaken my dreams and vision, and they became a stimulus for me to live my best life. Just as skilled hunters can find out a lot by looking at footprints.

Just as the higher the watchtower, the farther you can see, I think that reading liberal arts books can be a source of strength to prepare for one's distant future. Even after changing my major, I read motivational books and autobiographies of people who overcame hardships and succeeded during summer vacations, so I think my original intentions about my dreams and visions have not changed.

Therefore, even though I did not achieve as much success as I thought, I have no regrets about the life I have lived because I always had dreams and visions and did my best.

10.7 The first step to success is helping yourself

William Smith Clark's adage "Youth!, "Be ambitious," and the theme song of "The Boarder," sung by singer Choi Hee-jun and loved by the public, "Is there anyone who owns the chair that spins? If you sit down, it's the owner." These two things were very popular with poor young people in the 1960s. I, too, was greatly stimulated by these teachings about ordinary life, and it motivated me to have relatively specific dreams and visions during my college days.

Those who do not help themselves cannot obtain the help from others or heaven. There was a flood in the village. But someone held on, saying, "I will stay here, because God will save me!" As the water level gradually rose, a boat approached the man and shouted, "Get on board!" But he declined, saying, "God will save me!" Now the water level was so high that he had to climb onto the roof. A short time later a helicopter approached and attempted to rescue him. Still, he said he didn't like it. "He declined it again by saying "God will save me!" In the end, he drowned and died.

When he reached the entrance to heaven a little while later, he protested to God. "Why didn't you save me?" God answered. "You miserable person! Send a boat, send a helicopter, that's it, what more can we do?"

This story, made up as a parable, explains well that people who do not help themselves cannot receive help from others or heaven. There is no one in this world who succeeds without the help of others and God.

10.8 Stress and anxiety can help your health and longevity

When a person comes to this world, he or she must have a big dream and vision in order to leave a big footprint of his or her own, whether it is big or small in the eyes of others. The problem is that challenging big dreams and visions come with stress and anxiety.

Anxiety comes from within, but stress comes from outside. The problem is not that their differences are important, but that everyone believes that stress and anxiety are the root of all diseases, so they try to avoid them. But it's important to remember that stress and anxiety can be beneficial to your health and longevity in some cases – especially college students.

The British daily newspaper 〈The Independent〉 reported that a little stress is actually beneficial for health and longevity. Rather than just trying to avoid stress, you must learn how to use it. A little stress in the body not only stimulates the body's natural recovery mechanisms, but also gives vitality and slows down the aging process.

Research teams from the University of Kentucky in the United States and the University of British Columbia in Canada have already produced similar research results.

"Stress that lasts for a short period of time appears to tense the human body and temporarily strengthen its resistance, similar to when early humans encountered wild beasts." Therefore, the secret to longevity is to approach even somewhat difficult tasks with a positive mindset. Here's the explanation.

Philosopher Kierkegaard observed that "negative emotions are also a form of desire and therefore the energy of life." Anxiety is an essential element for the completion of life.

He believed that humans can despair because they are anxious, but they can also leap forward because they are anxious. This prediction of the Kierkegaard was indirectly proven in the results of an animal experiment by a Russian scientist. Two groups were the test subjects.

The animals in the first group were given plenty of food, fresh air, and a comfortable environment without any threats.

For the second group, the second group was provided with a space where worries and joy coexist. Even when animals were leisurely playing in the grassland and occasionally attacked by wild beasts, they had efforts to make efforts to obtain food.

The results of the study showed that animals living in comfortable environments became sick and died much faster. In other words, the health and longevity of animals were guaranteed in an environment that required tension, harshness, and effort.

Is it any different as a human? The latest example where anxiety led to a leap forward is the Dubai project. It is a country where 90% of the country is desert and the average annual temperature ranges from 40 to 50 degrees. Is the rest of the world paying attention to this place and scrambling to advance into it? The taking businesses place in Dubai are beyond imagination.

A large indoor ski resort and a golf course are being built on the desert, while work is underway to increase the area by 21 times by reclaiming the sea. King Sheikh Mohammed says: What is happening now is only 10% of what I signed up for. Listening to his rants, it is clear that there are many more incidents that will happen in the future.

So where does this explosive energy come from? It's at the limit. It is a paradoxical saying that limitations create competitiveness. The limit is the realistic and fatal anxiety that oil will run out within 50 years. While Kuwait, which is in a similar situation, is hoarding money, Dubai is actively pioneering its future. In this way, anxiety about the future leads us to take a leap.

Anxiety is a normal survival response and a natural response that helps us cope well in dangerous situations. In other words, it is like "essential information" that helps me prepare my body and mind to suit the situation in any crisis. Therefore, you should not just try to run away from the anxiety and stress that can arise from challenging big dreams and visions. Anxiety and stress are reliable shields that protect me in life. Anxiety and stress are also useful. No, there is nothing more essential than anxiety and stress.

10.9 Poem about voluntary motivation

〈Teachings of life〉

At dawn in the Serengeti, Africa
Thomson's gazelle opens its eyes from sleep.
Faster than a lion in the jungle
I had a feeling that if I couldn't run, I would get eaten.
She instinctively runs against the wind.
In the forest where the blue light of dawn wakes up
The lion, the king of beasts, awakens.
Unless you sprint harder than a gazelle,
Because she knows why she dies of hunger
In the meadow where the sun rises with my whole body
The wild nature that overtakes the gazelle is activated.
Whether you are a gazelle or a lion
In the place of life before the morning sun rises
Risking my life with a single thought
Even in the face of headwinds, the string of fate remains tight.
It cannot be delayed because it is life's karma.

— Eom Chang-seop

Note: Please read the text below and read the above poem 〈Lessons of Life〉 again.

　　Serengeti is the largest and oldest national park in Tanzania, Africa, and is home to numerous animals and plants, including the vegetarian Thomson's gazelle and the carnivore lion. Now the park is the most important natural resource for the country's tourism industry. As a result of the species diversity and ecological importance of the area, Serengeti Park has been designated by UNESCO as a World Heritage Site.

　　Thomson's gazelle, which inhabits the Serengeti Park, is an

animal similar to the roe deer and is delicate and elegant, with a narrow and long body. It legs are thin and long. Only male roe deer have horns, and they are in various shapes. On the other hand, both sexes of Thomson's gazelle grow two horns, which are harp-shaped. This animal, famous for its fast-running speed, moves depending on food and seasonal changes.

In the vast grassland (four times the size of Gyeonggi-do), which is infinitely peaceful, the invisible competition for survival is fierce. The same goes for the relationship between gazelles and lions, which frequently appear in African grassland documentaries. To avoid being eaten by lions, gazelles run across the wide grasslands from early in the morning to catch and eat gazelles. Their struggle for survival seems to well reflect the fierce competition for survival between people and businesses in our society today.